LA CHINE

A LA MÊME LIBRAIRIE

☞ *En envoyant le prix en un mandat de la poste ou en timbres-poste, on recevra* franco à domicile.

SOUVENIRS DE VOYAGE, ou Lettres d'une voyageuse malade : la Suisse, le Piémont, Nice, Rome, Naples, toute l'Italie. 2 beaux volumes in-8°.	7	»
CONSTANTINOPLE, avec *vue* et *plan* de cette ville. in-8°.	3	»
LA SICILE ; souvenirs, récits et légendes, par M. l'abbé V. Postel. in-8°.	3	»
MGR AUVERGNE ; ses voyages au mont Liban, au Sinaï, à Rome, etc. in-8°.	3	»
NAPLES ; histoire, monuments, beaux-arts, littérature. L. L. F. in-8°.	3	»
L'ALGÉRIE CHRÉTIENNE, par A. Egron. in-8°.	1	25
RETOUR DES PYRÉNÉES, par l'auteur des *Souvenirs de voyage*. in-8°.	1	25
SOUVENIRS D'ITALIE, par M. le marquis de Beauffort. in-8°.	1	25
VOYAGE AUX PYRÉNÉES, par l'auteur des *Souvenirs de voyage*. in-8°.	1	25
HISTOIRE D'ANGLETERRE depuis les Romains. in-12.	1	»
HISTOIRE DE RUSSIE. in-12.	1	»
HISTOIRE D'ESPAGNE. in-12.	1	»
JÉRUSALEM ; histoire de cette ville célèbre. in-12.	1	»
SAINT PIERRE DE ROME ET LE VATICAN, par de Ravensberg. in-12.	1	»
VOYAGE A HIPPONE au commencement du Ve siècle. in-12.	1	»
VOYAGE AUX MONTAGNES ROCHEUSES, par le P. de Smet. in-12.	1	»
L'AFRIQUE, d'après les voyageurs les plus célèbres. in-12.	»	85
L'ASIE, d'après les voyageurs les plus célèbres. in-12.	»	85
L'AMÉRIQUE, d'après les voyageurs les plus célèbres. in-12.	»	85
L'OCÉANIE, d'après les voyageurs les plus célèbres. in-12.	»	85
SUISSE ET ITALIE ; voyage de Paris à Naples. in-18.	»	60
UNE ILE DE L'OCÉANIE. in-18.	»	30

Le 15 Octobre 1860, le baron Gros se rend au Ministère des affaires étrangères pour la Signature du traité de paix.

LA
CHINE
ET LA
COCHINCHINE

APERÇU

SUR LA CHINE, SA GÉOGRAPHIE PHYSIQUE ET POLITIQUE,
SON CLIMAT, SES PRODUCTIONS ET SA POPULATION

SUIVI DE

L'HISTOIRE DE LA GUERRE DES FRANÇAIS ET DES ANGLAIS CONTRE LES CHINOIS
DEPUIS 1844 JUSQU'AU TRAITÉ SIGNÉ A PÉKIN EN OCTOBRE 1860

ET DE

L'HISTOIRE DES EXPÉDITIONS FRANÇAISES EN COCHINCHINE
DEPUIS LEUR ORIGINE JUSQU'A LA PRISE DE MITHO (12 AVRIL 1861)

AVEC NOTICE GÉOGRAPHIQUE ET HISTORIQUE DE L'EMPIRE ANNAMITE

PAR J. J. E. ROY.

LILLE

L. LEFORT, IMPRIMEUR - LIBRAIRE

MDCCCLXII

Tous droits réservés.

LA CHINE

CHAPITRE PREMIER

Géographie physique et politique de la Chine. — Climat et productions. — Division politique, population, caractère, mœurs. — Notice historique depuis les temps les plus reculés jusqu'à nos jours.

La Chine, immense contrée d'Asie, et après l'empire de Russie, le plus vaste du globe, occupe, à l'extrémité orientale de l'ancien monde, et en y comprenant toutes ses possessions tant médiates qu'immédiates, une superficie de cent trente-sept mille cinq cents myriamètres carrés. Elle est bornée au nord par la Sibérie; à l'ouest par les steppes et les montagnes du Tourân, qu'habitent les Kirghis et les Bourouts, puis par les possessions plus ou moins directes de l'Angleterre, le Népaul, le Boûtan et l'Assam. Au sud-ouest, les plateaux du Sione-Chân et du Ju-ling la séparent de l'empire des Birmans et de celui d'Annam. Au sud et à l'est, depuis le golfe de Tong-King jusqu'à l'embouchure de l'Amour, le grand Océan sert de limites à la Chine, qu'il baigne sur un développement de côtes de quatre cent quatre-vingt-un myriamètres, en trois grandes divisions, la mer méridionale, la mer septentrionale de la Chine, et la mer du Japon.

Nous laisserons de côté toutes les dépendances de l'empire chinois, pour ne nous occuper ici que de la Chine proprement dite, du pays que ses habitants appellent *la Fleur du milieu* (Tchoung-hoa) ou *l'Empire du milieu* (Tchoung-koue). Il est à remarquer que les noms de Chine et de Chinois sont tout à fait inconnus des Chinois eux-mêmes ; nous verrons ailleurs l'origine de ces noms.

Le territoire de la Chine proprement dite occupe un vaste versant et une suite de bassins formés par les ramifications de montagnes appartenant à celles du Thibet oriental. Les bassins que forment ces chaînes sont au nombre de quatre : le plus méridional est au sud des monts Nan-ling; le second au nord de cette chaîne est celui du Yang-tseu-kiang ou fleuve Bleu, terminé au nord par les monts Peling, qui le séparent de celui du Hoang-ho ou fleuve Jaune; celui-ci s'étend jusqu'aux monts Yan; et le quatrième bassin est celui qui comprend la ville de Péking.

Les plus grandes plaines de la Chine sont celles qui se trouvent entre les deux plus considérables de ses fleuves, le Hoang-ho et le Yang-tseu-kiang. Cette contrée, appelée aussi la vallée de la Chine, est à tous égards le grand centre politique comme aussi celui de la civilisation des Chinois; c'est peut-être en outre le pays le plus fertile et le plus peuplé de la terre. On n'y rencontre presque pas d'animaux à l'état sauvage, presque point de plantes dont l'agriculture n'ait su tirer parti. Partout les champs y sont couverts de produits qui ne s'obtiennent que par l'exploitation rationnelle et intelligente du sol; partout on s'efforce de tirer tout le parti possible du moindre coin de terre. Les habitations des hommes y sont extrêmement rapprochées les unes des autres, et on en voit même un grand nombre qui flottent sur les eaux. Une innombrable quantité de rivières, de canaux et de fossés couvrent les plaines, dont la monotonie est d'ailleurs interrompue par une foule de lacs et d'étangs.

La Chine est surtout redevable de la riche irrigation de son sol aux grands bassins du Hoang-ho, du Yang-tseu-kiang et du Si-kiang ou Tu-kiang. Ce dernier descend des montagnes de Yun-nan, et, après un cours de huit cent trente-six kilomètres, se jette dans le golfe de Canton. Au nord, nous mentionnerons enfin le Peï-ho, le fleuve le plus connu des navigateurs, qui se jette dans le golfe de Péking.

Les riches artères qui forment ces cours d'eau naturels ont été utilisées par l'art pour constituer un immense réseau de voies de communication, de sorte qu'à cet égard la Chine peut rivaliser avec la Hollande et l'Angleterre. On y compte environ quatre cents canaux, dont la surveillance constitue une branche d'administration particulière, confiée à des mandarins. La longueur et la commodité de ces canaux étonnent le voyageur; ils ont assez de profondeur pour porter de gros bateaux dans toutes les saisons. Mais les écluses, ou plutôt les digues percées par où les bateaux montent et descendent, sont construites avec peu d'intelligence. Les canaux sont bordés de quais en pierre, et traversés quelquefois par des ponts d'une construction merveilleuse. Le plus célèbre de ces canaux est celui qu'on appelle le *Canal impérial* ou *Jün-ho*, c'est-à-dire Fleuve-de-l'Empereur; il a environ deux mille quatre cents kilomètres de cours, et ouvre une communication entre la capitale et la plupart des provinces du sud et du centre de la Chine. Il fut commencé en 1181, et terminé à la fin du xiii° siècle, sous la domination des Mongols.

CLIMAT ET PRODUCTIONS. Le climat de la Chine, en raison de la vaste étendue et des nombreuses variations d'élévation de son territoire, présente un caractère extrêmement diversifié. Les conditions climatériques de ce pays favorisent une production des plus riches et des plus variées, apparaissant avec une magnificence toute particulière dans le règne végétal, et offrant les types particuliers aux contrées septentrionales, aux zônes tempérées et aux régions intertropicales. Ainsi, au nord de la Chine, on trouve les arbres forestiers et fruitiers, les céréales et les légumes particuliers à l'Europe, de magnifiques prairies et de riches vignobles. Au centre, les premiers contreforts des montagnes commencent déjà à se couvrir d'arbres et d'arbustes toujours verts. On y trouve des palmiers, des pins, des ifs, des cyprès, des cèdres de Virginie, des thuyas, des chênes, diverses espèces de lauriers, dont le laurier camphrier, des savonniers, des oliviers odoriférants, des sophoras du Japon, diverses espèces d'érables et de platanes, des camélias à fleurs obtuses, des bois de mûriers importants pour la sériciculture; dans les régions plus élevées, des forêts où croissent toutes les essences d'arbres particuliers à l'Europe; plus haut encore, la région alpestre avec ses belles fleurs et ses herbes odoriférantes.

L'agriculture, portée à un haut degré de perfection, a pour produits principaux le riz, qui forme la base essentielle de la nourriture des populations ; le froment, l'orge, l'avoine, le maïs, le sarrasin, le sagou ; beaucoup de plantes aquatiques, notamment des lotus ; de belles espèces de cerisiers, de pommiers, de poiriers, de pruniers, de cognassiers, d'abricotiers et de pêchers ; des melons, des concombres ; un grand nombre d'espèces de choux, de fèves, du tabac, du chanvre, de l'olivette (graine de laquelle on extrait l'huile, et dont la suie, lorsqu'on la fait brûler, sert à fabriquer l'encre de Chine) ; des cotonniers, dont le coton rougeâtre sert à la fabrication du nankin ; la plante dont la pulpe sert à fabriquer le papier de riz ; un grand nombre d'herbes tinctoriales, surtout l'indigo, et l'arbre à thé, dont les produits donnent lieu à un commerce si important. Au sud, on trouve toutes les formes de végétaux particuliers aux tropiques, un grand nombre d'espèces de bambous, du bois de rose, du bois de sandal, des ébéniers, des arbres à vernis, des bananiers, des cocotiers, etc., etc.

Le règne animal et le règne minéral n'y sont pas moins riches que le règne végétal. Nous nous bornerons à citer, dans le premier, le faisan doré, le faisan argenté et le paon, trois oiseaux qui sont originaires de la Chine.

DIVISION POLITIQUE, POPULATION, CARACTÈRE, MOEURS, ETC.
La Chine proprement dite est divisée en dix-huit provinces, subdivisées à leur tour en arrondissements et districts. Ces provinces sont au nombre de quatre au nord, savoir : Tcheli ou Pétché-li, Chang-tong, Chang-si, Honan ; cinq à l'est, qui sont : Kiang-sou, Ngan-hoei, Kiang-si, Tche-kiang, Fokien ; deux au centre, Hope et Houan ; quatre au sud, Kouang-

song, Kouang-si, Yun-nan, Kouei-tcheou ; et trois à l'ouest, Khen-si, Kan-son et Sse-chouen.

Les villes chinoises de premier ordre ajoutent à leurs noms la syllabe *fou;* celles de second ordre, *tcheou ;* celles de troisième, *hien*. Une quatrième classe, placée directement sous les ordres du ministère à Péking, reçoit le nom de *Ting*. Toutes ont pour la plupart de grandes rues droites, bien larges et garnies de boutiques, des rues latérales régulières quoique étroites, et sont entourées de hautes murailles.

On a beaucoup varié sur le chiffre de la population ; mais d'après les indications les plus récentes et les documents que l'on peut considérer comme officiels, cette population dépasserait trois cent cinquante millions d'âmes, c'est-à-dire près de dix fois la population de la France.

Le caractère national des Chinois présente une empreinte si particulière, qu'on reconnaît tout de suite l'influence décisive que la position isolée de leur empire a exercée sur eux. Le Chinois a le visage large, les yeux, la bouche et le nez petits ; de sorte que, sauf les pommettes très-saillantes de ses joues, rien ne contribue à accentuer les traits de sa physionomie. On n'apprécie jamais mieux la suavité des lignes, l'alternative de saillies et de cavités, l'accord harmonieux des traits et l'agréable perfection d'un visage européen, que quand on considère attentivement un Chinois. L'assiduité, la politesse, l'amour de la paix et la douceur forment les traits distinctifs du caractère de cette nation. Mais des passions honteuses, l'ivrognerie, une propension marquée à tromper dans les affaires de commerce comme dans les relations ordinaires de la vie, la poltronnerie, la souplesse, un intolérable orgueil national, un opiniâtre attachement aux anciens usages, une absence absolue de compassion pour les souffrances d'autrui, un vif penchant à la vengeance, et une vénalité extrême, sont autant d'ombres au tableau que nous venons de tracer de ses bonnes qualités. Les dispositions du Chinois pour tout ce qui est travail manuel, ses connaissances et ses opinions sont encore ce qu'elles étaient il y a des siècles.

Comme dans tout l'Orient, la pluralité des femmes existe en Chine depuis un temps immémorial. Le sexe féminin y est maintenu dans un état de grande infériorité ; toutefois il y est plus libre que dans le reste de l'Orient. Les grands seigneurs tiennent leurs femmes enfermées, et celles-ci passent leur temps en soins de toilette, à fumer du tabac, à broder, à tisser des étoffes de soie, ou à élever leurs filles. Les femmes des pauvres circulent, il est vrai, librement ; mais en revanche elles sont condamnées aux plus rudes travaux, et la vie domestique est en général froide et fastidieuse.

Le ton de la société est raide et insupportablement cérémonieux ; une étiquette compassée règne dans tous les rapports de la vie et jusque dans les funérailles. Les survivants doivent pendant trois ans porter en blanc le deuil des défunts. L'embonpoint prononcé est très-prisé en Chine ; on y considère comme une beauté d'avoir de petites mains et de petits pieds, et l'on a recours, chez les femmes, à des moyens violents, pour les empêcher de croître. Les ongles très-longs sont un des signes caractéristiques auxquels on reconnaît les individus appartenant aux classes riches et distinguées. Les hommes se rasent la tête, à l'exception d'une touffe avec laquelle on fait une queue dont la longueur et l'épaisseur sont une affaire de luxe. Les cheveux des femmes sont nattés avec grand soin, et ornés de fleurs, d'épingles, de papillons. Les costumes ne sont point sujets à la mode, et voilà plusieurs milliers d'années peut-être qu'il n'y a été apporté aucune modification. Les étoffes qu'on y emploie sont, suivant le rang des individus, de coton ou de soie, et aussi de drap ou de nankin, et en hiver on les garnit de fourrures plus ou moins précieuses. Le bleu, le violet et le noir sont les couleurs les plus généralement employées pour les vêtements d'hommes, et le vert ainsi que le rose pour les vêtements de femmes. S'habiller de jaune est un des priviléges réservés à l'empereur et aux membres de sa famille. La forme des vêtements de femmes diffère fort peu de celle des vêtements d'hommes. On porte par-dessus de larges pantalons une robe longue et large, ouverte sur le côté droit de la poitrine, et par-dessus un juste-au-corps plus court. Les hommes ont des chapeaux de tissus de paille ou de bambou, et de forme conique. Les femmes vont tête nue. Une ceinture, à laquelle on porte suspendu l'éventail, un sabre ou un grand couteau, et les petits bâtons d'ivoire qui tiennent lieu de fourchette, complète le costume chinois.

Quant à leur culture intellectuelle, les Chinois sont depuis un grand nombre de siècles demeurés immobiles au même degré de civilisation. La connaissance de la lecture et de l'écriture y est aussi répandue qu'elle peut l'être dans les contrées de notre Europe les plus favorisées à cet égard, et le nombre de leurs livres est immense. Leur habileté dans les arts mécaniques a atteint un haut degré de perfection ; et la supériorité dont ils font preuve dans la fabrication des étoffes, de la porcelaine, de la laque, des ouvrages sculptés, peints, etc., est vraiment digne de toute notre admiration ; on ne peut la comparer qu'à celle qu'ils déploient dans la construction des canaux, dans la création des jardins, l'aplanissement des montagnes et autres travaux de ce genre. La gloire de plusieurs inventions d'une immense importance leur appartient incontestablement. Ainsi ils imprimaient des livres longtemps avant qu'on eût inventé en Europe l'art de la typographie; les caractères dont ils se servaient étaient gravés sur des morceaux de bois, méthode restée encore en usage parmi eux. C'est de la sorte que leurs ouvrages classiques avaient été imprimés dès le xe siècle. De très-bonne heure également ils firent usage de la boussole; et cependant ils sont demeurés fort en arrière dans l'art de la navigation, parce qu'ils entendent fort mal la construction des navires. Ils connurent aussi l'usage de la poudre à canon longtemps avant nous, de même qu'ils nous précédèrent indubitablement de beaucoup dans la fabrication de la porcelaine, et qu'ils sont encore nos maîtres dans la teinture des étoffes. Quoiqu'on ait au total beaucoup trop vanté les monuments de la Chine, quelques-uns de ses grands chemins, de ses canaux, de ses ponts à arches, sa tour pyramidale et sa grande muraille sont réellement des œuvres admirables.

La forme du gouvernement chinois est la monarchie absolue; cependant les mandarins et les tribunaux ont le droit d'adresser à l'empereur de respectueuses représentations. L'empereur prend le titre de *Fils du ciel* (Tien-tsi) et de *Maître sublime* (Hoang-ti), et il choisit pour lui succéder qui bon lui semble parmi ses fils légitimes. Le véritable nom de l'empereur régnant est inconnu; celui par lequel il est ordinairement désigné n'est que la dénomination honorifique de tout son règne ou d'une partie de son règne.

Les fonctions publiques, accessibles à toutes les capacités, constituent les rouages d'une machine administrative dont l'organisation, bien qu'elle date d'un grand nombre de siècles, se rapproche beaucoup de la nôtre. Ce n'est point la naissance qui donne accès aux fonctions publiques, mais l'instruction ; il n'y a donc point d'aristocratie de naissance, mais bien l'aristocratie de la science, qui forme la classe des *lettrés*. C'est parmi eux que sont choisis les officiers du gouvernement, qui tous subissent l'épreuve d'une éducation régulière et ne sont élevés aux emplois que par gradation. On compte neuf classes d'officiers nommés mandarins, depuis le juge de village jusqu'au premier ministre. La centralisation réside dans le conseil de l'empereur (conseil d'Etat), avec des assesseurs tirés d'un collége spécial où l'on étudie Confucius (Kong-fou-tsé). Viennent ensuite six ministres : 1° de l'intérieur ; 2° des finances ; 3° des rites et cérémonies ; 4° de la guerre ; 5° de la justice ; 6° des travaux publics. Dans ces divers départements sont compris d'autres services secondaires, tels que le tribunal astronomique, le tribunal historique, la censure ou police, et jusqu'à ces derniers temps, les affaires extérieures, qui en Chine n'avaient pas grande importance. Mais depuis l'expédition anglo-française de 1860, il a été créé un ministère spécial des affaires étrangères, ce qui porte à sept le nombre des ministres actuels. Malheureusement, cette machine administrative, qui au premier coup d'œil paraît si bien organisée, depuis longtemps fonctionne mal ou ne fonctionne pas du tout, parce que la plupart des rouages en sont usés ou détériorés par la corruption.

NOTICE HISTORIQUE

L'histoire la plus ancienne de la Chine est complètement fabuleuse. L'école philosophique du siècle dernier avait voulu trouver dans cette histoire les preuves d'une antiquité qui serait remontée bien au delà de l'époque assignée par nos livres sacrés au déluge universel et à la création du monde. C'était moins la vérité que recherchaient nos modernes philosophes que des armes pour combattre l'authenticité des livres de Moïse et saper les fondements de la religion chrétienne ; mais depuis longtemps une saine critique a fait justice de ces arguments de soi-disant philosophes, et réduit à leur juste valeur les exagérations attribuées à l'antiquité des Egyptiens, des Indiens et des Chinois.

On peut fixer l'époque historique de la Chine vers l'an 2000 à 1700 avant Jésus-Christ, époque à laquelle commence la dynastie des *Hia*, bien que les traditions qui s'y rapportent, de même qu'à la dynastie suivante, celle des *Chang* ou des *Iu* (jusqu'en 1122 avant Jésus-Christ), offrent beaucoup d'obscurité et renferment évidemment un grand nombre de fables. Il est cependant à peu près démontré que l'existence de ces deux dynasties est un fait historique. Quant aux traditions qui s'y rapportent, elles ne fournissent, comme d'ailleurs toute l'histoire de la Chine, que des renseignements rien moins que certains et authentiques sur une suite non interrompue de changements de règnes, de discordes intestines, d'usurpations, de bons et de mauvais princes, et d'une foule d'interventions du hasard : inextricable confusion et accumulation de faits desquels il ressort uniquement que c'est de cette époque que date le commencement du développement social et politique de la Chine, de même que c'est alors que commencent les irruptions de barbares qui furent pour ce pays la source de si effroyables calamités.

L'histoire de la Chine n'offre guère plus de clarté sous la dynastie *Tchéou*, qui dura jusqu'à l'an 238 avant Jésus-Christ, et dont Wou-Wang fut le fondateur. Tout ce qu'on peut conclure avec quelque certitude des traditions qui ont trait à ce souverain, c'est qu'il occupe une place importante dans l'histoire du développement de la civilisation, comme créateur d'un grand nombre d'institutions sociales, et aussi comme protecteur des sciences et des arts. Parmi ces successeurs, on remarque un Ling-Wang, dont le règne (de 571 à 544 avant Jésus-Christ) est célèbre, parce que ce fut pendant sa durée que naquit Kong-fou-tsé (Confucius).

La dynastie *Tchéou* fut renversée par Tao-siang, fondateur de la dynastie *Tsin*. Son arrière-petit-fils, un des héros de l'histoire nationale des Chinois, réunit sous son autorité toute la Chine, qui était jusque-là divisée en un grand nombre de petits états indépendants : le premier, il prit le titre de *Hoang*, répondant assez bien à notre titre d'empereur, et il se fit appeler *Tsin-shi-hoang-tsi*. La gloire de son nom se répandit au loin, et il fut regardé comme le véritable fondateur de la dynastie *Tsin*. C'est du nom de cette dynastie que les Arabes ont appelé cet empire Sin, les Persans Tchin, d'autres peuples Sina et Tchina, et enfin Chine, nom sous lequel il est connu depuis longtemps en Europe. Les anciens donnaient aux Chinois le nom de *Seres*, c'est-à-dire marchands ou fabricants de soie.

Nous allons passer un intervalle de dix siècles, pendant lesquels l'histoire de la Chine n'offre qu'une succession de révolutions, de dissensions intestines, de partages et de réunions de l'empire, sous un grand nombre de dynasties, dont quelques-unes n'eurent, pour ainsi dire, qu'une existence éphémère, pour arriver à l'an 1279 de notre ère, où pour la première fois une dynastie étrangère établit son autorité sur la Chine. C'était Koublai-khan, chef des Tartares mongols, qui, après avoir fait la conquête de la Chine, prit le titre d'empereur et le nom de Chi-tsou, et fonda une dynastie à laquelle il donna la qualification honorifique de *Jouen* (la primitive). Les empereurs de cette famille, dont les règnes furent généralement bienfaisants, adoptèrent les coutumes des Chinois, et ne changèrent rien aux lois, aux habitudes ni à la religion du pays. Ils firent fleurir les sciences et les arts, et plusieurs d'entre eux furent même très-savants. C'est alors que pour la première fois dans l'histoire du monde, la Chine ouvrit ses portes aux étrangers. Plusieurs missionnaires et voyageurs, parmi lesquels Marco-Polo occupe le premier rang, pénétrèrent dans le pays. On peut dire de ce voyageur que ce fut lui qui découvrit la Chine ainsi que toute l'Asie orientale. Mais après la mort de Timour-khan (1307), des dissensions survenues dans la famille impériale provoquèrent plusieurs guerres civiles qui affaiblirent les forces des Mongols. Tchou-youen-tchang, Chinois de basse extraction, prit les armes contre eux et finit par les expulser.

Tchou, appelé ensuite Taï-tsong, le libérateur de sa patrie, fut le fondateur de la dynastie *Ming*, qui régna de 1368 à 1645. Cette dynastie donna à l'empire treize souverains, presque tous capables, et qui l'agrandirent tant au sud qu'à l'ouest. Il faut aussi remarquer ici que sous cette dynastie les Européens commencèrent à entretenir des relations suivies avec les Chinois. Vers 1522, les Portugais s'établirent dans les îles voisines, notamment à Macao, pour y faire le commerce. Le jésuite Matthieu Ricci s'y rendit en 1583, à l'effet d'y propager le christianisme. Vers la même époque des Espagnols pénétrèrent également en Chine.

En 1644, les Tartares mandchoux, profitant des divisions qui agitaient la Chine, s'emparèrent de Péking, et successivement de tout l'empire, dont ils sont encore les maîtres aujourd'hui. Choun-tchi, leur chef, acheva en 1646 et 1647 la conquête de la Chine, et y fonda la dynastie *Taï-tsing* (la très-pure), qui règne encore de nos jours. Sous le règne de Choun-tchi, les Russes obtinrent l'autorisation de commercer avec la Chine, et les missionnaires catholiques virent le nombre de leurs prosélytes s'augmenter de plus en plus. A ce prince, succéda, en 1662, son fils Kang-hi, qui vainquit les Mongols, s'empara du Thibet et de Formose, et accrut considérablement l'empire. Dans les dernières années de son règne, les Anglais et les Français créèrent des établissements permanents à Canton. Pendant le règne de Kang-hi, les chrétiens purent en toute liberté pratiquer leur culte et leur religion; mais sous celui de son fils, Yong-tching, ils furent bannis de la Chine (1724). Ils furent encore, de 1740 à 1776, l'objet de cruelles persécutions de la part de l'empereur Kien-long, qui avait succédé à Yong-tching en 1736.

Kien-long régna pendant soixante ans; guerrier courageux, il fit de nombreuses conquêtes, et recula les frontières de l'empire jusqu'à l'Indostan et aux confins de la grande Boukharie. Kienlong abdiqua en 1796 et mourut en 1799. Il eut pour successeur son fils Kia-king, qui lui ressemblait fort peu, si ce n'est par sa haine contre les chrétiens. En 1815, il publia un nouvel édit pour l'expulsion complète et absolue des catholiques de la Chine. Le règne de Kia-king fut signalé par de nombreux troubles intérieurs.

En 1820, il laissa en mourant le trône à son second fils, Mian-ning. C'est sous le règne de cet empereur qu'eut lieu l'un des événements les plus importants de l'histoire de la Chine, puisqu'il introduisit dans ce pays un élément qui lui avait été jusqu'alors complètement étranger, l'élément occidental : nous voulons parler de la guerre entre les Chinois et les Anglais. Nous allons donner très-succinctement les principaux détails sur les causes, les événements et les résultats de cette guerre.

Les relations commerciales entre les deux nations datent de loin. Dès la fin du xviie siècle, il existait entre elles un commerce assez précaire jusqu'en 1720, mais qui à cette époque prit tout à la fois et plus de consistance et plus d'importance, bien que soumis à une foule d'obstacles et de restrictions. En 1757, ce commerce fut limité au seul port de Canton, où il avait lieu par l'intermédiaire d'une compagnie commerciale privilégiée, celle des Hongs ou marchands en gros du pays. Ce commerce continua à prospérer au milieu d'alternatives nombreuses et de fréquentes perturbations, provoquées d'un côté par les prétentions exagérées des Anglais résidant à Macao et à Canton, et de l'autre par la jalousie et la vanité nationale des Chinois, de même que par leurs actes de violences.

Ces conflits prirent un caractère beaucoup plus grave en 1834, à la suite de l'envoi à Canton de lord Napier, en qualité de surintendant de S. M. Britannique, avec mission de régler tous les détails du commerce des Anglais avec les Chinois, et d'exercer sur ses nationaux une espèce de juridiction. Les autorités chinoises refusèrent de reconnaître le nouveau surintendant, ne voulant pas consentir à ce que de si grands pouvoirs se trouvassent réunis dans la main d'un seul homme nommé par une des parties seulement ; en conséquence, elles rompirent toute espèce de relations avec les Anglais. Lord Napier se retira à Macao, où il mourut. Ses successeurs, Davis et le capitaine Elliot, ne furent pas davantage reconnus par les autorités chinoises, et ils se virent forcés de fixer leur résidence à Macao, d'où ils exerçaient leurs fonctions comme ils le pouvaient.

Cependant, à la suite des concessions faites par les plénipotentiaires anglais, le commerce s'était rouvert à Canton ; mais la question de droit international, soulevée par la nomination d'un surintendant de la couronne d'Angleterre à Canton, restait toujours en suspens.

Cette question vint se compliquer de l'affaire de l'opium, qui amena une crise dont le résultat devait être le commencement formel des hostilités. Le gouvernement chinois, ayant remarqué les suites déplorables qu'entraînait l'extension de plus en plus grande de la consommation de l'opium parmi ses nationaux, en avait interdit l'usage et la vente sous les peines les plus sévères. En dépit de ses défenses et de ses prohibitions, et malgré le redoublement de sévérité de la législation pénale, le mal allait toujours croissant, et les Anglais faisaient ouvertement la contrebande de l'opium, entretenant à cet effet toute une petite flottille à Lintin, non loin de Canton.

Le gouverneur chinois Lin, envoyé à Canton avec des pouvoirs extraordinaires, prit les mesures les plus énergiques pour supprimer le commerce de l'opium, et publia entre autres, le 13 mars

1839, un édit par lequel il exigeait qu'on lui livrât tout l'opium qui pouvait se trouver dans les magasins et à bord des vaisseaux anglais. Malgré les efforts du capitaine Elliot, les Anglais furent contraints de se soumettre à cet édit, et de livrer leur opium aux autorités chinoises, sauf à se pourvoir auprès de leur gouvernement pour obtenir une indemnité équivalente à cette perte énorme. Plus de vingt mille caisses d'opium, d'une valeur ensemble de quatre millions sterling (cent millions de francs), furent de la sorte livrées aux Chinois et détruites. Une querelle survenue entre un matelot chinois et un matelot anglais, querelle dans laquelle le premier fut tué par son adversaire, vint encore ajouter aux complications de la situation politique. Les Anglais s'étant refusés à livrer le coupable, Lin défendit de fournir des vivres aux Anglais résidant tant à Canton qu'à Macao.

Les Anglais tentèrent de se procurer des vivres par la force, et quelques actes d'hostilité eurent lieu à ce sujet. Lin ordonna alors à ses ministres de prendre les armes et d'anéantir les Anglais. Tous les efforts du capitaine Elliot dans le but de parvenir à un arrangement amiable furent inutiles. Au contraire, Kou-ang, l'amiral chinois, sortit avec vingt-neuf jonques de guerre pour s'emparer des vaisseaux de guerre anglais ; mais il fut battu à Tschoune-pi et perdit six de ses navires. Le résultat de cette défaite de la flotte chinoise fut l'interdiction la plus absolue de toute espèce de commerce avec les Anglais. Au commencement de février 1840, la général chinois Yih réussit même à expulser de Macao Elliot et les quelques Anglais qui y résidaient encore ; et, dans la nuit du 28 du même mois, la flotte chinoise essaya d'incendier les vaisseaux anglais ; mais cette tentative échoua complètement.

A cette nouvelle, l'Angleterre déclara formellement la guerre à la Chine. Le 28 juin 1840, une flotte anglaise commandée par l'amiral Elliot arriva devant Canton, et une division de cette flotte alla bloquer l'embouchure du Tigre, tandis que le reste s'emparait, le 5 et le 6 juillet, à l'aide d'un corps de troupes de débarquement, de l'île de Chusan, occupait son chef-lieu, nommé Ting-haï, canonnait Amoy, et, se dirigeant vers les eaux du nord, sous la conduite immédiate de l'amiral Elliot, entrait, le 11 août, dans les eaux du fleuve Peï-ho, qui conduit à Péking, à l'effet de faire parvenir de force à l'empereur les dépêches que Lin avait refusé de recevoir à Canton. La présence d'une flotte ennemie à si peu de distance de la résidence de l'empereur sembla inspirer à ce prince des idées plus pacifiques. Il accueillit les dépêches, témoigna une vive surprise de ce qui était arrivé, et commença des négociations qui, après quatre semaines de durée, n'eurent d'autres résultats que l'envoi à Canton, par le gouvernement chinois, d'un commissaire spécial chargé d'y traiter définitivement des conditions d'un arrangement, attendu que cette ville était toujours, aux yeux de l'empereur, le seul endroit où des négociations pussent utilement et rapidement se poursuivre. Elliot, se laissant duper par ces belles promesses, fit de nouveau voile pour Canton. C'était là ce que voulait l'empereur, qui tenait à éloigner la flotte ennemie de la résidence impériale.

Cependant le commissaire annoncé, Ki-chan, arriva à Canton vers la fin de novembre 1840, et les négociations s'ouvrirent immédiatement ; mais elles n'aboutirent pendant longtemps à aucun résultat. Des préliminaires de paix furent signés, mais ne furent point ratifiés, et les hostilités recommencèrent. Plusieurs mois s'écoulèrent ainsi en alternatives de négociations et d'hostilités, sans qu'on pût se promettre aucun résultat définitif.

A la fin, les Anglais, lassés de ces tergiversations, résolurent d'en finir et de pousser la guerre avec vigueur, jusqu'à ce qu'ils eussent contraint leurs adversaires à signer une paix solide et durable. Sir Henri Pottinger fut nommé lord haut-commissaire et plénipotentiaire de la reine en Chine, à la place de l'amiral Elliot, qui fut rappelé; l'amiral Parker reçut le commandement de la flotte, et sir Hugh Gough celui des troupes de débarquement.

Le 21 août 1841, l'expédition, forte de trente-quatre voiles, quitta l'île de Hong-kong et commença ses opérations. Amoy, place que les Chinois considéraient comme imprenable, fut d'abord enlevée après un engagement de quatre heures. Tchin-haï, à l'embouchure du Ta-hia, position pour la défense de laquelle les Chinois avaient employé toutes les ressources imaginables, fut emportée, le 10 octobre, après un court engagement. Deux jours après, Ning-po tombait entre les mains des Anglais sans qu'ils eussent eu besoin de tirer un coup de fusil. De Ning-po, où les Anglais séjournèrent plusieurs mois pour attendre des renforts, l'expédition se dirigea vers Tcha-pou, la grande étape du commerce des Chinois avec le Japon. Cette ville, après une faible résistance, tomba en leur pouvoir le 18 mai 1842. De là l'expédition fit voile pour le Yang-tsi-kiang; le 19 juin, l'importante ville de Shang-haï, centre d'un commerce immense, fut prise sans résistance; Tching-kiang-fou fut enlevée, le 21 juillet, après un assaut assez meurtrier.

La chute de cette importante cité produisit une vive impression sur l'esprit des Chinois et les fit enfin réfléchir sur leur situation; aussi, quand les Anglais arrivèrent le 6 août devant Nang-king, la seconde ville de l'empire, implorèrent-ils sérieusement la conclusion d'un armistice, préliminaire d'un traité de paix. Trois commissaires furent aussitôt envoyés par l'empereur, et les négociations s'ouvrirent immédiatement. Elles aboutirent, le 26, à un traité définitif en vertu duquel, outre Canton, les ports d'Amoy, de Fou-tchiou-fou, de Ning-po et de Shang-haï, furent ouverts aux Anglais, qui obtinrent encore la cession de l'île de Hong-kong, l'admission des consuls de leur nation dans les cinq grands ports de l'empire, la complète égalité des deux gouvernements dans leurs rapports officiels, et une indemnité de vingt-un millions de dollars pour les frais de la guerre. L'empereur de la Chine souscrivit aux conditions de ce traité, qui fut formellement ratifié plus tard de part et d'autre. Pour la première fois de toute son histoire, la Chine venait de se voir contrainte de traiter sur le pied d'égalité avec une nation chrétienne, et de lui acheter la paix.

Les Américains du nord et les Français ne tardèrent pas à accourir dans les eaux de la Chine, dans l'espoir d'obtenir les mêmes avantages que les Anglais, en concluant avec les Chinois des traités particuliers. Après quelques difficultés, le gouvernement chinois conclut, le 3 juillet 1844, un traité avec l'Union américaine du nord. Un traité d'amitié et de commerce fut également signé, le 24 octobre de la même année, avec la France, puis ratifié le 25 août 1845.

L'empereur Mian-ning mourut le 24 février 1850. Il a eu pour successeur le quatrième de ses fils, nommé Ins-hou.

Avant de parler des nouveaux démêlés que ce prince a eus avec la France et l'Angleterre, nous allons entrer dans quelques détails sur la religion, les mœurs et l'industrie des Chinois.

CHAPITRE II

Religion de la Chine. — Quelques détails sur l'insurrection qui désole la Chine depuis plusieurs années.

La religion primitive de la Chine paraît avoir été une branche du sabéisme, dont le principe est l'adoration des astres du firmament et des objets remarquables de la nature. Cette ancienne religion a été plus tard étouffée par les diverses sectes qui se sont greffées sur elle. Parmi ces sectes, celle de Confucius (Kong-fou-tsé) a souvent été comparée au stoïcisme des Grecs et des Romains ; elle a pour base un panthéisme philosophique qui a été diversement interprété suivant les époques ; les Chinois le nomment *jo-kiao*, la doctrine des lettrés. Confucius n'est jamais religieux dans ses écrits ; il se contente de recommander en général d'observer les pratiques anciennes, la piété filiale, l'amour fraternel, d'avoir une conduite conforme aux lois du ciel, qui doivent toujours être en harmonie avec les actions humaines.

Quant au culte, ce sont ces *pratiques anciennes* dont il reconnaît l'observation, c'est-à-dire le culte rendu aux génies du ciel et de la terre, des astres, des montagnes et des rivières, ainsi qu'aux âmes des parents. L'Etat a toujours conservé ce culte comme institution purement civile, mais sans conséquence, et dont le sens peut s'interpréter de différentes manières. Ce culte ne connaît pas d'images et n'a pas de prêtres ; chaque magistrat le pratique dans la sphère de ses fonctions, et l'empereur lui-même en est le patriarche. Généralement tous les lettrés s'y attachent, sans renoncer toutefois à des usages empruntés aux autres cultes. Ils sont plus superstitieux que religieux ; la conviction n'entre pour rien dans leur conduite, et l'habitude seule les soumet à des pratiques qu'ils tournent eux-mêmes en ridicule.

La seconde religion de la Chine, celle des *esprits*, est regardée par ses sectateurs comme étant la religion primitive de ses plus anciens habitants. Elle a beaucoup de dogmes communs avec les précédents ; seulement l'existence individuelle des génies et des démons indépendants des parties de la nature auxquelles ils président, y est mieux reconnue. Ce culte a dégénéré en polythéisme et idolâtrie. Ses prêtres et prêtresses, voués au célibat, pratiquent la magie, l'astrologie, la nécromancie et mille autres superstitions ridicules. On les nomme *lao-tse*, ou docteurs de la raison, parce que leurs dogmes fondamentaux, enseignés six siècles avant notre ère, par Lao-tse, contemporain et disciple de Confucius, est celui de la *raison primordiale*, qui a créé le monde, le *logos* des platoniciens. (Abel Rémusat.)

Enfin, il existe en Chine une troisième religion, introduite dans ce pays deux siècles avant Jésus-Christ, et admise officiellement comme une des religions de l'empire, vers le 1ᵉʳ siècle de notre ère, par les empereurs de la dynastie des Han. Cette religion est le bouddhisme indien. Plus matérielle que les deux autres, elle fut accueillie favorablement par le peuple et fit des progrès rapides. Le nom de Bouddha, transcrit *Fo-tho* par les Chinois, a formé par abréviation le nom de Fo. Les prêtres de Fo, appelés *bonzes*, sont aussi voués au célibat; la plupart sont d'une ignorance profonde et enseignent une véritable idolâtrie, qui se manifeste par beaucoup de cérémonies en l'honneur de figures allégoriques monstrueuses et de reliques. Le patriarche bouddhique, venu de l'Inde à la Chine, à la fin du v° siècle de notre ère, y a résidé quelque temps. Il est maintenant fixé au Thibet, sous le nom de Dalaï-lama; mais les bouddhistes de la Chine ne reconnaissent pas en tout sa suprématie spirituelle.

Le nombre des bonzes en Chine est prodigieux; on assure qu'on en compte plus d'un million dans l'empire. Tous ne vivent que d'aumônes, et, malgré la pauvreté qu'ils affectent, ils se montrent pleins d'orgueil et d'avidité.

Un fait singulier, et qui a frappé d'étonnement tous les Européens qui ont été à même de voir de près les cérémonies des bonzes et d'étudier leurs dogmes, c'est la ressemblance de quelques-unes de ces cérémonies avec celles du culte catholique, et l'introduction dans leur religion de plusieurs croyances ou dogmes qui ont une origine chrétienne. On pense, et cela n'est pas improbable, qu'au viii° siècle des chrétiens nestoriens se sont répandus en Chine et y ont introduit quelques cérémonies défigurées du culte chrétien. C'est ainsi qu'on a regardé le culte qu'ils rendent à *Tien-heou* (la reine du ciel, appelée aussi *Ching-neou*, la sainte mère) comme s'adressant à la Vierge Marie. Cela paraît d'autant plus probable, que les bonzes ont mis Jésus-Christ au nombre de leurs dieux. Ainsi les bonzes seraient disposés à accepter Jésus-Christ comme Dieu, mais en l'associant à leurs autres divinités ; ce qu'ils ne veulent pas, c'est que sa religion existe seule et fasse disparaître le culte de Fo. Cependant la situation actuelle de ce culte est loin d'être florissante ; les magnifiques édifices fondés autrefois par les sectateurs de Bouddha tombent aujourd'hui en ruines ; il est rare que l'on rencontre quelques-unes de leurs pagodes, à neuf ou à sept étages, en bon état de réparation, bien que ces élégantes constructions soient fort nombreuses. On en remarque quatre ou cinq entre Macao et Canton, toutes situées sur des points culminants, toutes dégradées ; elles ne servent plus maintenant que de signaux pour la navigation. Dans l'intérieur, on peut faire la même remarque : c'est que, malgré ce nombre prodigieux de temples, de pagodes et d'oratoires qui s'élèvent de tous côtés en Chine, ce peuple n'est nullement religieux au fond. Toutes ces manifestations extérieures ne sont que le résultat d'un usage, d'une vieille habitude, et nullement l'indice d'un sentiment pieux ou d'une idée religieuse. Les Chinois actuels sont absorbés dans les intérêts matériels et les jouissances de la vie présente, et l'on se ferait difficilement une idée de leur indifférence en matière de religion.

Il n'y a point, à proprement parler, de religion d'Etat en Chine. Tous les cultes y sont tolérés, pourvu que le gouvernement ne les juge pas dangereux. Ainsi, outre les trois religions dont nous avons parlé, il y a des juifs, des parsis, des mahométans, qui vivent en paix et exercent tranquillement leur culte, sans être l'objet d'aucune vexation de la part du gouvernement ou de ses agents. Pourquoi les catholiques seuls ont-ils été l'objet de persécutions quelquefois acharnées, et qui ne semblaient parfois se ralentir que pour recommencer avec une nouvelle intensité ? Comment se fait-il que ce gouvernement si indifférent en matière de religion, si tolérant pour toutes, persécute la religion chrétienne seule, et qu'il souffre toutes les autres ?

Depuis longtemps les chefs du gouvernement et les lettrés ont reconnu que la religion catholique est basée sur une morale sublime dont la pratique, loin d'être un danger pour l'Etat, ne pourrait que contribuer au bonheur des hommes en les rendant meilleurs. Ce ne sont donc pas les doctrines chrétiennes qui ont paru dangereuses au gouvernement, mais ce sont les ministres étrangers de cette religion qui ont inspiré des craintes. On les a représentés à l'empereur comme des espions ou des conspirateurs qui avaient pour but de renverser les lois établies dans l'empire et de changer la forme du gouvernement, tout en ayant l'air de cacher leurs projets sous le voile du prosélytisme religieux.

Ce qui a fait naître et ce qui donne encore aujourd'hui créance à ces absurdes calomnies, c'est que les Chinois ne peuvent pas comprendre le véritable mobile qui fait agir les missionnaires catholiques. Dans ce pays les hommes de toutes les classes n'agissent, ne travaillent et ne se donnent de la peine que dans un but d'intérêt matériel. Ils pensent que tous les hommes sont de même : c'est pourquoi ils ne peuvent s'imaginer que ces missionnaires, hommes instruits, hommes *lettrés*, pour me servir de leur expression, abandonnent leur patrie, leurs familles, leur bien-être, pour venir dans un pays étranger s'exposer à mille privations et à mille dangers, uniquement pour prêcher leur religion et lui gagner quelques prosélytes. Quel profit leur procurent leurs pénibles travaux ? Ils ne font aucun commerce, ils ne retirent aucun gain des conversions qu'ils opèrent ; loin de là, ceux qui embrassent leur religion appartiennent pour la plupart à la classe pauvre, et les missionnaires sont le plus souvent obligés de venir à leur secours. Ils ont donc quelque motif caché, quelque intérêt secret qui les pousse ; or ce motif, c'est l'espionnage ; cet intérêt, c'est de conspirer contre le gouvernement. Une fois cette calomnie jetée en avant, elle a fait, malgré son absurdité, ou peut-être à cause de son absurdité, un chemin rapide. Les ennemis de la religion catholique, les bonzes, les lettrés, toute cette foule de gens qui avaient à craindre la lumière qu'apportaient les apôtres de l'Evangile, se sont entendus pour propager ce mensonge. Leurs clameurs sont arrivées jusqu'au trône impérial, et ce gouvernement, naturellement soupçonneux, s'est ému ; de là les persécutions qui sont venues à plusieurs reprises désoler l'Eglise dans ce pays.

Depuis plusieurs années, la Chine est en proie à une insurrection permanente qui menace de bouleverser de fond en comble cet empire et de changer son gouvernement, sa religion et ses mœurs. Le chef de cette insurrection a pris le nom de Taë-ping-ouang (roi de la paix éternelle) ; il prend même la qualification de *Tieu-te* (empereur), et il se propose de chasser les Tartares de l'empire. Ce n'est pas d'aujourd'hui que cette pensée existe en Chine. Dès le lendemain de la conquête, il se forma des sociétés secrètes qui toutes avaient pour but l'expulsion de la dynastie mantchoue. La principale de ces sociétés, connue sous le nom de *Triade*, est la plus ancienne, car elle date de 1660 à 1670 ; elle est répandue par tout l'empire, et elle paraît avoir absorbé toutes les autres dans son sein. Il paraît aussi qu'elle a adopté une partie des dogmes et des croyances du christianisme, mais en les adaptant à ses vues et en voulant les faire servir d'instruments à ses projets. Je ne serais pas surpris que cette circonstance fût entrée pour quelque chose, peut-être pour beaucoup, dans les persécutions exercées contre le christianisme, que les agents du gouvernement, soit par ignorance, soit par connivence, ont présenté comme étant la véritable société secrète de la Triade, dont l'existence était connue, mais qui n'en était pas moins insaisissable.

Quoi qu'il en soit, depuis quelques années la Triade avait pris des développements immenses, à mesure que le gouvernement perdait, lui, de sa force et de sa dignité. Le résultat de la guerre avec les Anglais et les Français a fait surtout ressortir sa faiblesse; et en voyant une poignée d'hommes faire la loi à un gouvernement qui règne sur plus de trois cent millions de sujets, la Triade, qui compte des millions d'affiliés, a jugé le moment favorable pour mettre à exécution ses projets. Son chef, qui n'est autre que Taë-ping, a commencé par publier des écrits pour expliquer sa doctrine politique, religieuse et morale. Ces écrits ne se bornent pas à prêcher le renversement de la dynastie tartare mantchoue; ils prétendent en outre changer la religion, les mœurs, les lois sociales, et il n'est pas jusqu'au *communisme*, qui a tant effrayé la France dans ces dernières années, qu'ils ne veuillent introduire en Chine.

Les traités qui renferment l'explication du système de Taëping-ouang sont au nombre de huit. Le premier, intitulé *Livre des préceptes religieux de la dynastie Taë-ping*, est exclusivement religieux. Les sept autres, *le Classique trimétrique*, *l'Ode pour la jeunesse*, *le Livre des décrets célestes et des déclarations de la volonté impériale, le Livre des déclarations de la volonté divine faites à l'occasion de la descente du Père céleste sur la terre*, la *Déclaration impériale de Taë-ping*, les *Proclamations publiées, sur l'ordre de l'empereur, par Yan et Iaou*, et *l'Ode de la dynastie Taë-ping sur la rédemption du monde*, sont à la fois religieux et politiques.

« Tous les hommes, dit Taë-ping dans ses préceptes religieux, ont été créés par le grand Dieu. Il leur a donné la vie ; il la leur conserve. Ils sont tous ses enfants ; ils appartiennent donc tous à une même famille ; ils sont donc tous frères : frères par le corps, puisqu'ils descendent tous du premier homme créé par Dieu ; frères par l'âme, puisque toutes les âmes ont une commune origine, le grand Dieu.

» Les hommes, étant tous les enfants de Dieu, lui doivent tous la reconnaissance et l'adoration. C'est donc commettre un crime que de prétendre, comme l'ont fait certaines personnes, que les souverains ont seuls le droit d'adorer Dieu. La vérité est que les souverains sont ceux de ses enfants qu'il a revêtus du pouvoir, mais que les bons sont ceux de ses enfants qui lui ressemblent le plus. Notre Père céleste, le grand Dieu et souverain Seigneur, est un esprit vrai ; il est l'esprit unique : il sait tout, il peut tout, il est partout. Il est *chang* (suprême) ; il est *li* (maître). En conséquence, vous autres officiers et soldats, vous pourrez me désigner comme votre *seigneur ;* mais c'est là tout, vous ne m'appellerez pas *suprême.* »

On peut dire que ce qui précède n'a rien de contraire à l'orthodoxie ; voyons s'il en sera de même de ce qui suit :

« Les Chinois, trompés par les démons, se sont écartés des commandements de Dieu et se sont enfoncés dans l'erreur ; mais le grand Dieu eut pitié d'eux; il déploya à leur égard une générosité *aussi vaste que la mer*, et envoya sur la terre son fils *Hong-siou-tsiouen* pour les sauver. »

Quel était ce Hong-siou-tsiouen, qui se qualifie *frère cadet de Jésus-Christ ?* « *En 1837, après qu'il eut étudié les classiques* (on comprend qu'un fils de Dieu doit être un *lettré*), il monta au ciel, où le grand Dieu lui communiqua personnellement la vraie doctrine (c'est plus fort que Mahomet, qui ne reçut cette communication que par l'intermédiaire de l'ange Gabriel), lui remit un sceau et une épée, emblème d'une majesté irrésistible, et lui donna l'ordre de combattre les démons avec l'aide de son frère aîné Jésus et des anges. Lorsqu'il eut vaincu l'ennemi des hommes, il fut rappelé au ciel. Dieu l'y investit d'une grande autorité et lui donna une seconde mission pour le salut du genre humain, en lui disant : *Je suis avec vous pour diriger toutes choses.* »

En 1848, Hong-siou-tsiouen se trouvant dans une grande perplexité, le grand Dieu vint avec Jésus-Christ pour le secourir et lui apprendre à porter le poids du gouvernement. « Le grand Dieu, dit-il, a suscité son fils pour déjouer les complots des méchants, pour déployer la majesté et l'autorité, pour juger le monde, pour séparer les bons des méchants, accorder aux uns les joies du ciel, envoyer les autres aux peines de l'enfer. — Il surpasse de beaucoup les hommes en intelligence, savoir et générosité. *Que tous ceux qui sont sous le ciel viennent reconnaître le nouveau monarque.* »

Depuis que le grand Dieu a fait à l'homme, par son fils Hong-siou-tsiouen, une gracieuse communication de la doctrine, tous ceux qui se repentent de leurs péchés et évitent d'adorer les esprits corrompus, de pratiquer le mal et de transgresser les divins commandements, retourneront au ciel, d'où ils tirent leur origine, et y jouiront éternellement d'une infinité de délices, de dignités et d'honneurs, tandis que ceux qui ne pratiqueront pas le repentir et l'obéissance, iront certainement aux enfers pour y gémir éternellement sous le poids de tristesses, de souffrances et de tortures infinies.

» Il ne vous suffit pas d'observer les dix commandements auxquels vous avez désobéi pendant tant d'années, il vous faut encore obtenir le pardon de vos péchés, afin que vos âmes montent au ciel après votre mort. Mettez-vous donc à genoux, à la face du ciel, et implorez la clémence du grand Dieu. Prononcez avec recueillement les prières écrites qui se trouvent dans nos livres. (Suivent de nombreuses formules de prières pour toutes les circonstances solennelles de la vie.) Puis vous continuerez à adorer Dieu le matin et le soir, avant et après chaque repas, le suppliant de vous envoyer son Esprit-Saint, afin d'éclairer et de changer votre cœur. »

Ce dernier paragraphe renferme à peu près tout le rituel du culte institué par Hong-siou-tsiouen. Pour compléter le résumé de ce système, nous dirons qu'il prohibe sévèrement les cérémonies superstitieuses des prêtres de Bouddha ou Fo, et qu'il y substitue une pratique uniforme. Il veut que les prières soient accompagnées d'une offrande de vin, de thé, de riz ou d'animaux, qui les fasse agréer du Seigneur. C'est là tout ce qui constitue les formes extérieures du culte qu'il prétend établir. Ajoutons que Hong-siou-tsiouen est le même que Taë-ping-ouang, *le roi de la paix universelle*, nom qu'il a pris depuis qu'il a commencé l'exécution de sa mission divine, d'après l'usage des

Chinois, qui changent de noms selon qu'ils changent de position sociale.

Après avoir exposé ses préceptes religieux, Taë-ping a soin de justifier sa doctrine de l'accusation redoutable que ses adversaires ont portée contre elle ; c'est-à-dire qu'en adorant le grand Dieu, il ne faisait qu'imiter les étrangers et vouloir introduire leur religion nouvelle en Chine.

On sait quelle répugnance inspire aux Chinois tout ce qui est nouveau et tout ce qui est étranger. Pour répondre à cette accusation, Taë-ping-ouang démontre, par les annales de la Chine et par les classiques chinois, que dans les temps les plus reculés, depuis Poan-kou, le premier homme dont il soit parlé dans l'histoire de la Chine, jusqu'à l'ère des trois dynasties, les princes et les peuples honoraient et respectaient le grand Dieu. Puis il ajoute que c'est le culte *des esprits corrompus* (il entend par-là principalement le culte de Bouddha), qui est nouveau par rapport au culte du grand Dieu ; que c'est depuis l'introduction de ce culte idolâtre que « les ténèbres sont devenues plus épaisses et que nous nous sommes enfoncés de plus en plus dans l'erreur. Les choses en sont venues à ce point, que *les pieds ont pris la place de la tête*, que la terre des esprits a été usurpée par les démons, que les Chinois ont été conquis par les Tartares. »

De là il prend occasion de se déchaîner avec violence contre les Tartares, dont il retrace rapidement les injustices, les violences et la tyrannie. Puis il termine ce manifeste par cette sorte de conclusion :

« Cependant, lorsque le désordre est à son comble et que les ténèbres sont le plus profondes, c'est alors quelquefois que l'ordre et la lumière sont bien près d'en sortir. Le grand Dieu a trouvé que les iniquités tartares ont comblé la mesure ; il a manifesté sa colère contre ceux qui adorent les esprits corrompus et qui violent ses commandements ; il a suscité le roi céleste, auquel il a donné ordre de balayer la horde des démons tartares et d'en purger notre terre fleurie. Secouons donc notre léthargie, déployons nos brillants étendards, jurons d'exterminer les huit bannières et de pacifier les neuf provinces. Nous serons ainsi des héros en ce monde, et nous jouirons en l'autre d'une félicité éternelle. »

Voici l'une des proclamations des généraux Yang et Taou, qui prennent aussi les noms de rois de l'Est et de l'Ouest ; on verra qu'elles sont écrites dans le même ordre d'idées qui préside aux publications de Taë-ping :

« N'yang, général en chef de l'Est, Taou, général en chef de l'Ouest, annonçons que nous avons reçu de Dieu l'ordre de détruire les démons et de sauver le peuple. Selon l'Ancien Testament, le grand Dieu ou Père céleste créa en six jours le ciel et la terre, et la mer, et les hommes, et les choses. Le grand Dieu est un père spirituel, un père en esprit, sachant tout, pouvant tout, présent partout : toutes les nations sous le ciel connaissent sa puissance.

» En consultant les annales des âges passés, nous voyons que depuis le temps de la création, le grand Dieu a souvent manifesté sa colère. En premier lieu il a fait tomber une grande pluie pendant quarante jours et quarante nuits, qui a produit le déluge. Une seconde fois le grand Dieu a manifesté sa colère, et il est venu tirer Israël de la terre d'Egypte. Une troisième fois, il a déployé sa majesté terrible quand le Sauveur du monde, le Seigneur Jésus, a pris un corps sur la terre de Judée et a souffert pour la rédemption du genre humain.

» Dans les âges plus rapprochés de nous il a encore manifesté son indignation, et (en 1837) il a envoyé un messager céleste qui avait mission du Très-Haut d'exterminer les démons et les impies. Il a envoyé ce prince céleste pour monter sur le trône et délivrer le peuple.

» De l'an 1848 à l'an 1851 le grand Dieu a eu pitié des malheurs du peuple, et à la troisième lune de la dernière année le messager céleste est apparu, et, à la neuvième lune, Jésus le Sauveur du monde s'est manifesté en exerçant d'innombrables actes de sa puissance, en massacrant un grand nombre d'ennemis et d'impies en plusieurs batailles rangées; car qui pourrait résister à la majesté du ciel? Que vous êtes heureux d'être nés en ce temps pour voir la gloire de Dieu!

» Ce chef tartare, ce démon, qui n'était originairement qu'un esclave mantchou, est l'ennemi éternel de notre race chinoise; il a appris au peuple à prendre la forme du démon, à adorer la corruption, à désobéir à l'esprit et à se révolter contre le grand Dieu; c'est pourquoi Dieu l'a condamné. Notre armée, voulant obéir aux commandements de Dieu, qui reçoit tous les hommes dans ses bras miséricordieux, s'est mise en marche dans la voie de la charité, ouvrant à tous ses embrassements. Dieu envoie le souverain légitime régner sur son peuple; c'est à vous de l'aider à rétablir son autorité. »

Seulement, dans cette proclamation, le but politique de l'entreprise est indiqué plus clairement.

Dans une des brochures que j'ai eues entre les mains, l'Ancien et le Nouveau Testament sont inscrits en tête d'une liste de livres, et ils sont formellement qualifiés de livres saints; une autre brochure contient textuellement les dix commandements du Décalogue de Moïse, qui sont mentionnés comme ayant été donnés par Dieu sur le mont Sinaï, et qui sont accompagnés d'une glose et de diverses formules de prières.

Ces réminiscences bibliques avaient induit en erreur les missionnaires anglicans, qui dans l'origine affirmaient et proclamaient bien haut que le mouvement insurrectionnel s'inspirait des principes du christianisme, mais du christianisme protestant. Ils y voyaient le triomphe de leurs efforts à répandre partout et à profusion des exemplaires de la Bible, seule manière dont ces soi-disant missionnaires prétendent faire entendre la parole de Dieu. Les missionnaires catholiques n'y ont pas été trompés un instant, et les ministres protestants n'ont pas tardé à revenir de leur illusion, en voyant la conduite des insurgés dans les provinces conquises par eux ; conduite fort peu en harmonie avec les principes du christianisme.

CHAPITRE III

Rupture des traités. — Commencement des hostilités avec les Anglais en 1856. — Le baron Gros envoyé en Chine en qualité de ministre plénipotentiaire. — Causes de la rupture de la paix avec la France. — Attaque et prise de Canton par les forces alliées de la France et de la Grande-Bretagne. — Prise des forts du Peï-ho par les escadres française et anglaise. — Traité de Tien-tsin, signé le 27 juin 1858. — Note du *Moniteur* à ce sujet.

Les conditions du traité de 1844 ne furent pas remplies par les Chinois ; les persécutions contre les missionnaires français continuaient malgré la lettre du traité ; et les relations du gouverneur Yeh, vice-roi de Canton, avec l'Angleterre et toutes les puissances étrangères, devenaient de plus en plus difficiles. La situation était tellement tendue, que le moindre événement pouvait faire naître un conflit, et c'est ce qui ne tarda pas d'arriver.

Le 2 octobre 1856, une lorcha (bateau chinois), portant pavillon anglais, était à l'ancre devant Canton. Ce bateau appartenait à un Anglais, mais l'équipage était chinois. Tout à coup l'embarcation fut abordée par un détachement considérable de mandarins et de soldats chinois, qui, malgré les remontrances du commandant anglais de la lorcha, saisirent et garottèrent douze des quatorze Chinois formant l'équipage, et amenèrent les couleurs anglaises du bâtiment. Le prétexte de ce coup de main était que quelques-uns des matelots chinois avaient été dénoncés au mandarin comme coupables, avant d'avoir pris du service sur la lorcha, d'actes de piraterie ou de rébellion. Le maître de la lorcha se hâta de porter sa plainte au consul anglais, qui, accompagné de son vice-consul et d'un interprète, se rendit immédiatement à bord de la lorcha, et s'efforça de prouver aux mandarins l'illégalité de leurs procédés. En effet, d'après le traité de 1843, la saisie des Chinois incriminés ne pouvait se faire à bord d'un navire anglais que par l'autorisation et les soins du consul anglais. Celui-ci ne put rien obtenir, et fut même menacé d'être jeté par-dessus le bord s'il ne se retirait. Il revint donc au consulat, et écrivit au vice-roi de Canton pour se plaindre de la violation du traité et demander la reddition des matelots comme réparation publique à l'insulte faite au pavillon anglais.

Le vice-roi répondit que l'officier chinois n'avait fait que son devoir en arrêtant les matelots sur la lorcha, retint les prisonniers, et refusa toute satisfaction. Le consul, conseillé par le plénipotentiaire et l'amiral anglais, signifia au vice-roi que dans vingt-quatre heures à compter de la réception de la dépêche il eût à accéder à ses demandes, sinon que les officiers de la marine anglaise recourraient à la force.

Dans la matinée du 22, le vice-roi, intimidé sans doute des préparatifs que faisaient les navires de guerre anglais, crut devoir renvoyer les douze matelots; ils arrivèrent à la porte du consul anglais; mais celui-ci, ne recevant pas d'explication, n'y fit aucune attention, et rédigea une circulaire par laquelle il informait les résidents européens de Canton, que le vice-roi n'avait pas encore donné la satisfaction demandée, et que le soin de l'obtenir était dévolu aux officiers de la marine de Sa Majesté Britannique.

L'escadre anglaise, comptant sept ou huit navires de différentes forces, dont quatre vapeurs, remonta donc la rivière et se rapprocha de Canton. Quatre forts sur le bord du fleuve furent pris par les équipages de quatre canots, les canons encloués, et les magasins incendiés. Le jour suivant, deux autres forts, situés sur un autre bras du fleuve, furent pris et détruits; trois autres, plus rapprochés de la ville, furent également démolis. A mesure que l'orage s'avançait, l'agitation croissait au milieu de l'immense population de Canton, et le vice-roi annonçait par des placards que les Anglais, battus pendant deux ans par les Russes, étaient réduits à recourir au pillage de Canton pour payer les équipages de leurs navires. De leur côté, les commerçants européens envoyaient à bord des vapeurs de commerce leurs livres de comptes et leurs trésors, et expédiaient le tout à Hong-kong.

Le 24, deux ou trois forts commandant la ville furent emportés.

Le 28, deux vapeurs purent s'embosser, quoique à grande distance, à portée du palais du vice-roi. Grande fut la surprise de celui-ci, quand, à une heure après midi, il reçut dans son propre tribunal la visite d'une première bombe, bientôt suivie d'une centaine d'autres; mais le feu s'étant communiqué aux maisons voisines, on dut s'arrêter.

Le 29, une large brèche fut pratiquée dans la muraille de la ville, et l'amiral anglais, accompagné de son état-major et précédé de quelques soldats de marine, allait visiter la résidence bombardée du vice-roi. Pendant quelques heures, le drapeau anglais flotta près des décombres, et cette démonstration, dont l'impression fut très-grande sur les Chinois, qui avaient voulu faire aux troupes quelque résistance, coûta aux Anglais deux morts et quelques blessés.

La destruction de la résidence du vice-roi fut le point culminant des opérations militaires de l'amiral Seymour pendant l'année 1856. Il avait espéré que cette démonstration aurait des résultats importants; mais il n'en fut rien. Les Chinois, voyant la faiblesse numérique de leurs adversaires, reprirent courage, et n'osant cependant employer la force ouverte, ils eurent recours à une foule de stratagèmes et d'actes barbares qui décèlent leur nature lâche et cruelle.

Le 14 décembre, les Chinois prirent à leur manière leur revanche de la destruction du palais du vice-roi. Ils incendièrent pendant la nuit les factoreries anglaises, que les négociants, il est vrai, avaient abandonnées en les mettant sous la protection de l'amiral Seymour. Celui-ci y avait caserné deux compagnies d'infanterie et quelques détachements de soldats de marine; mais cette faible garnison ne put les protéger contre les incendiaires chinois, qui, dans la nuit du 14 décembre, mirent le feu en un grand nombre d'endroits à la fois. Tous les efforts des Anglais furent impuissants pour arrêter les progrès de l'incendie, et dans quelques heures ces maisons magnifiques qui ressemblaient à autant de palais, ne furent plus qu'un monceau de cendres et de ruines.

A compter de ce moment, la guerre prit de la part des Chinois un caractère d'atrocité et de barbarie incroyable. Les têtes des Européens furent mises à prix 30 taëls (environ 250 francs), et de nombreux assassinats eurent lieu dans l'espoir de toucher cette récompense. Les Anglais, il est vrai, usèrent à leur tour de tristes représailles, et vers le 15 janvier 1857, ils incendièrent les faubourgs de Canton ; de sorte qu'une immense population de plusieurs centaines de mille âmes, qui fourmillait dans ces faubourgs, se trouva sans abri et réduite à la plus affreuse misère.

A cette barbarie, les Chinois ripostèrent par une atrocité d'un autre genre. Ils tentèrent d'empoisonner toute la population européenne de Hong-kong, en mettant de l'arsenic dans tout le pain distribué par la boulangerie chinoise de la ville. Plus de mille personnes ressentirent les effets du poison ; mais heureusement aucune n'a succombé.

Lord Seymour, en attendant des renforts, déclara le blocus de la rivière de Canton, et eut de fréquents engagements avec la marine chinoise. Incapable de lutter contre les navires de guerre anglais, elle se battit cependant avec courage et causa des pertes considérables à ses adversaires. Enfin, dans le mois de juin 1857, la flotte chinoise fut anéantie dans deux combats qui, selon l'expression du *Times*, coûtèrent plus cher aux Anglais que les opérations devant Saint-Jean-d'Acre.

Cette année, le baron Gros fut envoyé par le gouvernement français en qualité de commissaire extraordinaire en Chine ; en même temps, lord Elgin recevait la même mission du gouvernement anglais. Les instructions des deux commissaires portaient qu'ils agiraient de concert dans leurs négociations avec le gouvernement chinois.

Pour bien comprendre les motifs qui déterminèrent le gouvernement français à agir comme il l'a fait dans cette circonstance, il est nécessaire de connaître les principales causes des griefs de la France contre la Chine.

Nos premiers rapports officiels avec la Chine ont été établis, en 1844, par M. de Lagrené. Le traité de Whampoa, qui en fut la suite, n'était le résultat d'aucune violence, mais une convention proposée spontanément des deux parts, discutée mutuellement avec une remarquable franchise, et arrêtée respectivement en toute liberté. Les procès-verbaux des séances dans lesquelles M. le marquis de Ferrière-le-Vayer et le dignitaire Houang ont débattu, une à une, toutes les stipulations du traité de Whampoa, rédigées avec talent par M. le comte d'Harcourt, deuxième secrétaire, témoignent encore aujourd'hui des rapports pleins de cordialité qui existaient alors entre les autorités françaises et chinoises. Cela est tellement vrai, que c'est Ky-ing lui-même, l'un des plénipotentiaires chinois, qui a proposé de rédiger l'article 23 du traité, portant « que tous les Français, *quels qu'ils fussent*, qui seraient arrêtés dans l'intérieur de l'empire, ne pourraient être jugés par les autorités chinoises, mais seraient livrés au consul français du port le plus voisin. — Ni les autorités, était-il ajouté, ni le peuple chinois ne pourront frapper, blesser ou faire subir un mauvais traitement quelconque aux Français ainsi arrêtés, de peur de troubler la bonne harmonie qui doit exister entre les deux empires. » Cet article est on ne peut plus formel, et sa violation flagrante, dont toute réparation serait péremptoirement refusée, constitue un *casus belli* des plus justes et des plus incontestables.

Qu'est-il arrivé cependant? Nous passerons sous silence une longue liste de petites insultes et d'actes incessants de mauvaise foi, dont les autorités chinoises se sont rendues coupables envers la France depuis que les deux premiers ministres mantchous, Mou-tchang-a et Ky-ing, ayant été dégradés en 1850 par l'empereur actuel de la Chine, la politique de conciliation fit place à des procédés d'une arrogance internationale sans bornes et à de continuels défis dictés évidemment par les prétentions les plus outrées d'un *Suzerain universel* du monde, du *Fils du ciel* en un mot. Nous insisterons sur le fait qui constitue le premier motif de notre guerre avec la Chine. Il s'est passé en 1856.

L'un de nos plus vertueux missionnaires, l'infortuné père Chapdelaine, se trouve subitement arrêté dans un village du district de Si-lin, de la province de Kouang-si, et mené au prétoire du premier magistrat. Celui-ci constate que le prisonnier est Français, qu'il ne fait que prêcher une doctrine dont les sublimes préceptes sont le mieux calculés pour assurer le bonheur des hommes, et il le fait reconduire en paix avec force honneurs au lieu où il avait été découvert. Six mois se passent encore. Le magistrat de Si-lin est changé. Son successeur entend, lui aussi, parler de notre missionnaire. Il donne l'ordre de s'en saisir et de l'amener en sa présence. Le père Chapdelaine y paraît, subit interrogatoires sur interrogatoires, est mis bientôt à la torture, et au bout de peu de jours condamné à mort. Quelques jours plus tard, il est exécuté en place publique, ou pour dire l'exacte et entière vérité, littéralement *dépecé*.

Le représentant de la France, en apprenant le fait et les circonstances inouïes de la mort du père Chapdelaine, en écrivit sur-le-champ au vice-roi Yeh (car on ne pouvait communiquer avec le gouvernement chinois que par l'intermédiaire de ce personnage). Le gouverneur général des deux Kouang daigna à peine répondre à notre ministre. Il lui proposait d'établir plus tard, *lorsqu'il serait moins occupé*, une enquête dont on aurait la première nouvelle dans sept à huit mois. Le reste était à l'avenant. Quant à une entrevue entre « l'œil des barbares français » et le haut commissaire du souverain du monde, comment y penser? Est-ce que S. Exc. Yeh n'avait pas à s'occuper des affaires d'administration de deux grandes provinces, et du soin de « tenir tous les barbares en échec? »

Le représentant de la France insista, se bornant toutefois à demander pour toute réparation que S. Exc. Yeh voulût bien obtenir de l'empereur de la Chine la punition, conforme aux lois chinoises, du magistrat de Si-lin, et l'insertion dans la *Gazette officielle de Pékin* d'un article constatant et motivant cette punition.

Cette demande, si modérée qu'elle ait été, fut péremptoirement refusée par l'empereur Tchien-Fung, et c'est en conséquence de ce refus que le gouvernement français résolut, en 1857, d'envoyer en Chine une ambassade extraordinaire, et une division navale de quinze à dix-huit bâtiments de guerre, avec ordre, si les griefs que nous reprochions au gouvernement chinois ne recevaient pas une juste réparation, d'agir hostilement contre ce gouvernement, de concert avec les forces anglaises.

Bientôt les renforts attendus par lord Seymour arrivèrent, et une escadre française, commandée par l'amiral Rigault de Genouilly, entra dans la rivière de Canton. Les plénipotentiaires français et anglais envoyèrent alors leur *ultimatum* au vice-roi Yeh, en le menaçant, s'il n'y répondait pas favorablement, de commencer immédiatement les hostilités. La réponse du vice-roi n'ayant pas été satisfaisante, l'amiral français déclara de sa part le blocus de la rivière de Canton, déjà précédemment déclaré par l'amiral anglais. Le 16 décembre 1857, les deux escadres s'emparèrent de l'île de Honan, sans rencontrer de résistance. De là, les deux amiraux se préparèrent à l'attaque de la ville.

Canton est située sur la rivière des Perles, à 64 kilomètres de l'embouchure. Un peu plus haut, le fleuve s'ouvre en deux branches, et c'est sur la rive gauche de la plus faible que s'élève Canton et ses larges faubourgs. Par suite, les navires d'un faible tirant d'eau peuvent seuls y aborder, bien que dans la saison des pluies une partie du sol soit inondée.

La ville se partage en trois sections principales : ville ouverte, qui s'allonge sur le bord du fleuve : c'est là que se fait le commerce et que sont établies les factoreries européennes; ville *nouvelle* ou ville tartare, dans la même forme que la ville ouverte; ville *ancienne* ou chinoise, ayant à peu près la figure d'un demi-cercle dont la ville nouvelle serait le diamètre; autour s'étendent les faubourgs.

Un mur d'enceinte enferme la vieille ville et la ville nouvelle, et, passant entre deux, les sépare aussi l'une de l'autre. Cet ensemble forme la ville proprement dite, autrefois fermée sans réserve aux étrangers.

Le mur d'enceinte est crénelé dans la partie supérieure, et garni, de distance en distance, de tours carrées plus larges que saillantes; ce mur a dix à douze mètres d'élévation et soutient un rempart de terre qui peut se garnir de défenseurs et d'artillerie.

Dans la ville proprement dite, dans la ville ouverte, dans les faubourgs, les rues sont extrêmement étroites (les plus larges ont quatre à cinq mètres); les maisons n'ont généralement qu'un étage, chacune occupe une très-petite étendue; les habitants y sont littéralement entassés. La population est évaluée au moins à un million d'âmes.

Tout le système défensif de la place consistait dans le mur d'enceinte dont nous venons de parler, et dans six forts détachés qui occupaient les hauteurs du nord.

L'armement de la place se composait, au moment de l'attaque, de cinq cent soixante-quatorze bouches à feu, les unes en bronze, la plupart en fer, de calibres divers, depuis le 36 jusqu'au 18; plus, d'une quantité innombrable d'espingoles en fer et d'espèces de fusils de rempart très-lourds, variant de trois à cinq mètres de longueur, placés sur des chevalets en bambou. Dans ces armes, comme dans tous les autres fusils dont se servent les Chinois, l'amorce est enflammée au moyen d'une mèche enroulée à l'extrémité d'un levier recourbé tournant autour d'un point fixe, ainsi que cela se pratiquait en Europe il y a trois siècles.

L'armement des forts était composé comme celui de l'enceinte; ils avaient en général de dix à douze canons chacun. Deux seulement, le fort Gough et le fort Hung-kik, en comptaient seize.

Sept à huit mille soldats tartares et trente à trente-cinq mille soldats chinois étaient chargés de la défense de la place et des forts. Les alliés ne disposaient, pour attaquer ces forces, que de mille soldats français et trois mille cinq cents anglais, soutenus par l'artillerie des deux escadres.

Le 28 décembre, à huit heures du matin, trente-deux canonnières et petits navires embossés devant Canton ouvrirent le feu avec cent dix pièces. Une heure après l'ouverture du feu, les Français et les Anglais débarquèrent, repoussèrent les attaques d'une foule de tirailleurs ennemis, occupèrent une partie des forts détachés, et vinrent établir leurs bivouacs à la porte de l'est de la ville.

Le matin du 29, les troupes alliées escaladent les murs de Canton, et les drapeaux de France et d'Angleterre sont arborés sur les tours.

Dans l'intérieur de la ville, et au milieu de jardins assez vastes, se trouve, près du rempart du nord, une colline qui domine tous les environs et sur laquelle s'élève un temple rempli d'idoles grotesques. C'est là que les amiraux et le général anglais Straubensée établirent leur quartier général. De ce point élevé, nommé par les Anglais *City-hill*, les alliés voyaient à leurs pieds toute la ville, trop grande pour être occupée par nos troupes, mais qui n'en était pas moins à leur discrétion. Le lendemain, 30, de forts détachements de Français et d'Anglais firent une promenade militaire tout le long de l'enceinte fortifiée, sans qu'ils eussent à éprouver la moindre démonstration hostile de la part de cette masse de population, qui regardait avec surprise passer cette poignée d'hommes qui semblaient prendre possession de leur cité orgueilleuse, jusque-là toujours restée fermée aux barbares.

Le 1er janvier 1858, les ambassadeurs de France et d'Angleterre voulurent visiter le quartier général. Ils furent reçus avec tous les honneurs dus à leur rang. Une nombreuse escorte anglaise et française, drapeaux en tête, les attendait à leur débarquement. L'avant-garde de l'escorte, précédée par la musique et par les drapeaux, se mit aussitôt en marche. Les deux plénipotentiaires et leur suite marchaient entre deux haies de soldats français et anglais.

Vingt et un coups de canon saluèrent le départ des ambassadeurs, et le cortége traversa la ville dans des rues étroites et tortueuses, où une foule immense regardait avec étonnement, mais sans malveillance, un spectacle si étrange et si nouveau pour elle.

Cependant qu'étaient devenus ces trente et quarante mille soldats chinois et tartares qui avaient été chargés de la défense de la ville et des forts? Ils n'avaient tenu pied nulle part et ils avaient complètement disparu; mais la plupart, après avoir caché leurs armes et ôté les insignes qui les faisaient reconnaître comme militaires, étaient rentrés en ville et se mêlaient à la population paisible des non-combattants. Les chefs eux-mêmes n'avaient pas quitté la ville; mais comme leur présence pouvait devenir plus tard un danger, les alliés résolurent de s'en emparer, ce qui fut exécuté dans la journée du 5. Une colonne française, après s'être emparée de la porte de l'ouest, pénétra dans la rue qui va de l'ouest à l'est, cerna le yamoun ou palais du général tartare Muh, et l'amena prisonnier à l'amiral Rigault de Genouilly. En même temps une colonne anglaise commandée par le général Straubensée s'emparait du gouverneur de la province de Kwang-tong, nommé Pih-kwe, et une autre colonne, dirigée par M. Parkes, consul d'Angleterre, arrêtait un peu plus tard le commissaire impérial, le fameux Yeh, et s'emparait de tous ses papiers. On se rendait maître en même temps du trésor public.

Le commissaire impérial Yeh fut seul retenu prisonnier et envoyé à bord d'un vaisseau de la flotte anglaise. Le général tartare fut remis en liberté sur parole; quant au gouverneur Pih-kwe, on lui a conservé le gouvernement de la ville et de la province, mais sous le contrôle des commandants des forces alliées.

Au moyen de ces mesures, la tranquillité fut promptement rétablie ; le blocus fut levé, mais la ville fut déclarée en état de siége pendant tout le temps qu'elle serait occupée par les troupes alliées.

Après la prise de Canton, les commissaires extraordinaires de France et d'Angleterre s'étaient entendus avec les représentants des Etats-Unis et de la Russie, pour s'adresser simultanément au premier ministre de l'empereur de Chine. Ils proposaient à la cour de Pékin d'ouvrir des négociations, et l'invitaient à envoyer à Shang-haï, avant le 1er avril 1858, des plénipotentiaires munis des pouvoirs nécessaires.

La cour de Pékin n'ayant point accueilli ces ouvertures, les plénipotentiaires de France et d'Angleterre s'entendirent pour se présenter le plus tôt possible dans le Pe-tche-li (province du nord où est situé Pékin), accompagnés des escadres. Ils étaient réunis le 20 avril à l'embouchure du Peï-ho. Ils y rencontrèrent deux fonctionnaires désignés verbalement par l'empereur, pour venir *traiter avec les nations qui se trouvaient dans le port*. Des ouvertures aussi peu sérieuses ne témoignaient que du désir évident du gouvernement chinois de gagner du temps. Les représentants des puissances tombèrent d'accord pour faire une nouvelle démarche auprès de la cour de Pékin.

Des notes plus pressantes encore que celles qui avaient été précédemment expédiées de Canton, furent adressées au premier ministre, afin de lui demander que des plénipotentiaires chinois, munis de pleins-pouvoirs, fussent envoyés à Ta-kou. Le gouverneur général du Tché-li fut nommé commissaire impérial ; mais en informant M. le baron Gros et lord Elgin de sa nomination, il se borna à déclarer que, par ordre de l'empereur, il *venait savoir ce qu'ils demandaient, pour en référer à Pékin et avoir ses instructions.*

Les demandes des représentants des puissances avaient été si clairement formulées, que l'on pouvait considérer cette persistance du gouvernement chinois à déplacer la question comme une fin de non-recevoir. Néanmoins, ne voulant repousser aucune des chances qui pouvaient s'offrir encore, les commissaires de France et d'Angleterre consentirent à accorder de nouveaux délais, qui se prolongèrent jusqu'au 12 mai. Ils n'obtinrent alors qu'une réponse évasive, qui équivalait à un nouveau refus. Les plénipotentiaires de France et d'Angleterre, après s'être concertés à cet effet avec les amiraux, adressèrent le 20 mai au matin, au gouverneur général du Tché-li, une communication portant qu'ils avaient pris la résolution de s'avancer vers la capitale pour traiter directement avec le gouvernement chinois.

Ils ajoutaient que les amiraux commandant les forces navales de France et d'Angleterre étaient dans l'obligation, pour garantir la sécurité des représentants des deux puissances, d'exiger que le commissaire impérial leur remît les forts des deux rives du Peï-ho, ainsi que la batterie qui se trouvait au coude de la rivière. Si dans deux heures ils n'étaient pas remis aux amiraux, ils seraient attaqués et pris.

Cette sommation fut remise à huit heures du matin. A dix heures, les plénipotentiaires n'ayant pas reçu de réponse, les amiraux français et anglais, ayant réunis leurs pavillons sur la canonnière anglaise *le Slaney*, donnèrent le signal de l'attaque, qu'ils dirigèrent eux-mêmes. Les Chinois firent une résistance remarquable et bien supérieure à celle qu'ils avaient opposée à l'attaque de Canton ; mais malgré leurs efforts, à midi tous les forts, les batteries et les positions occupés par l'ennemi étaient emportées. Ce brillant fait d'armes ne nous avait coûté que des pertes insignifiantes, quand un funeste accident, qui suivit l'occupation du fort du nord, l'explosion d'une poudrière, tua et blessa une quarantaine d'hommes.

Après la prise des forts du Peï-ho, la première pensée des amiraux français et anglais fut de faire pénétrer les forces alliées dans la rivière, et de forcer ainsi les autorités chinoises à des négociations sérieuses. Dès le 22 mai, une flottille composée de canonnières françaises et anglaises remonta le fleuve, et après quatre jours d'une navigation pénible, parvint sans coup férir à Tien-sing, vis-à-vis l'embouchure du grand canal impérial conduisant à Pékin, à vingt-cinq lieues environ de cette capitale, et à cinquante-quatre milles marins de l'embouchure du Peï-ho.

L'enlèvement des forts du Peï-ho, dont les Chinois n'admettaient pas la possibilité, avait frappé de stupeur toutes les autorités et toutes les populations chinoises, et ce fait explique la facilité avec laquelle les alliés ont pu ainsi pénétrer dans le cœur de l'empire.

Aussitôt que les amiraux français et anglais se furent installés à Tien-sing, les ambassadeurs, M. le baron Gros et lord Elgin, se rendirent dans cette ville et s'établirent dans une pagode auprès de laquelle étaient mouillés nos bâtiments. Bientôt arrivèrent de Pékin de nouveaux commissaires impériaux, munis cette fois de *pleins-pouvoirs* pour traiter.

Après de longs pourparlers dont il serait fastidieux de rendre compte, le traité fut enfin signé le 27 juin 1858. Pour avoir une idée de la portée de cet acte diplomatique, nous allons reproduire la note qui parut à ce sujet dans le *Moniteur* du 29 septembre 1858 :

« L'expédition envoyée en Chine a atteint le but que se proposait l'Empereur. D'une part, pleine satisfaction est donnée à des griefs légitimes, et le châtiment infligé au magistrat coupable du meurtre du père Chapdelaine (missionnaire français) sera rendu public dans toute la Chine ; de l'autre, un traité signé presque aux portes de Pékin assure à notre commerce et à nos missionnaires un libre accès au sein du Céleste-Empire. Les barrières séculaires qui retenaient encore dans l'isolement du reste du monde un territoire peuplé de plus de trois cent millions d'habitants sont définitivement renversées : la Chine est complétement ouverte, et ne saurait plus à l'avenir se soustraire à l'action du mouvement civilisateur.

» C'est le 27 juin dernier que le baron Gros a signé le traité de Tien-sing. Pour en apprécier toute la valeur, il ne faut pas oublier quels étaient jusqu'à ce jour les rapports des puissances occidentales avec la Chine, et combien étaient limités les avantages qui en résultaient.

» La guerre entre l'Angleterre et la Chine avait abouti, en 1842, à la conclusion d'un traité qui, plaçant à certains égards les *barbares* de l'Occident sur le même pied que les sujets de *l'Empire du milieu*, leur ouvrait certains ports, leur accordait des garanties pour leur commerce et leurs personnes, et créait les premiers éléments d'un droit international jusqu'alors inconnu en Chine. Par la convention de 1844, la France s'assura le bénéfice de ces diverses clauses, et, de plus, elle obtint que l'empereur rendît un édit qui révoquait les peines portées contre les Chinois chrétiens ; assurément c'étaient là des concessions importantes ; il devait en résulter, dans l'esprit des Chinois, une notion plus claire de la puissance de la France, qu'on ne connaissait guère à Pékin que par le vague souvenir que les récits des missionnaires y avaient laissé de la grandeur de Louis XIV, et depuis par le retentissement du nom de Napoléon. L'édit de tolérance transportait en outre en Chine notre protectorat traditionnel du catholicisme en l'étendant au christianisme en général. Mais si ce premier succès avait une incontestable valeur, il faut reconnaître pourtant que l'accès qui nous était accordé sur le territoire de la Chine, restreint à cinq ports, ne constituait qu'une concession insuffisante. Il est à remarquer aussi que la mesure prise en faveur des chrétiens chinois par l'édit de Tao-kouang, n'avait pas le caractère d'un acte synallagmatique, et qu'émanant uniquement de la volonté impériale, cet acte n'avait point la force d'un engagement conventionnel, et n'autorisait aucunement d'ailleurs la prédication du christianisme ni l'entrée des missionnaires dans les provinces du Céleste-Empire.

» D'autre part, les légations étrangères n'étaient admises à résider qu'à Macao ou à Hong-kong, et n'avaient jamais pu entrer en rapport qu'avec le vice-roi de Canton ; notre mission diplomatique avait dû, comme les autres, fixer sa résidence en dehors du territoire chinois, et s'était toujours trouvée dans l'impossibilité de communiquer directement avec le gouvernement central. Cet état de choses offrait de graves inconvénients, en plaçant les représentants étrangers dans une situation d'infériorité qui rendait leur action complètement inefficace et nuisait à leur considération dans l'esprit des Chinois.

» Le traitement et les avantages que le gouvernement de l'Empereur a cru devoir réclamer nous sont aujourd'hui accordés formellement et sans réserve.

» Tous les ports importants du littoral chinois, de même que les grandes voies intérieures de communication, sont ouverts à notre navigation et à notre commerce. Nos nationaux, qui, aux termes de la convention de 1844, n'avaient accès que dans cinq ports, pourront désormais, munis de passe-ports, parcourir sans obstacle toutes les parties de la Chine.

» Ce n'est plus seulement grâce à un édit spontané du souverain que les Chinois chrétiens cessent d'avoir à redouter les persécutions des mandarins, c'est en vertu de stipulations conventionnelles qui, rendant hommage aux bienfaits de la doctrine chrétienne, abolissent la législation qui la proscrivait, et permettent aux missionnaires de l'Occident de circuler librement dans l'intérieur de l'empire pour la répandre parmi les Chinois.

» Le vice-roi de Canton cesse d'être l'intermédiaire obligé de nos communications ; le représentant de la France traitera directement avec le cabinet de Pékin, et il obtient à cet effet le droit de résidence dans cette capitale. Les avantages de cette concession, contre laquelle se révoltait surtout l'orgueil chinois, sont manifestes. On n'aura plus à craindre que la déloyauté de certains fonctionnaires n'entrave la solution prompte et satisfaisante de tous les différends qui pourraient surgir. Ces communications directes avec le cabinet chinois auront pour conséquence de dissiper plus d'une idée fausse, et d'éclairer sur bien des points un gouvernement qui a presque tout à apprendre sur les nations de l'Occident.

» Le commerce recevra de nouveaux développements à la faveur du droit acquis désormais aux négociants d'acheter directement et sans intermédiaire les marchandises sur le lieu même de production. Une révision nouvelle des tarifs harmonisera les droits de douane avec les variations des prix. Les marchandises n'auront plus à subir de surtaxes arbitraires dont les mandarins provinciaux les frappaient au passage ; le gouvernement publiera une taxe de transit uniforme. Le droit de tonnage sera également abaissé.

» Depuis longtemps la navigation commerciale réclame une sécurité qui lui manque dans les mers où la piraterie exerce impunément ses ravages ; des mesures seront prises pour la destruction de ce fléau.

» Enfin le gouvernement chinois s'est engagé à payer à la France une somme de quinze millions de francs, tant en réparation des dommages éprouvés par les négociants français qu'en compensation des frais occasionnés par la guerre.

» Les vœux que formaient tous les esprits éclairés sont donc exaucés. La Chine, arrachée à son immobilité et à son isolement, subira l'heureuse influence du christianisme et de la civilisation, et prendra en même temps, dans le mouvement commercial du monde, le rôle que lui assignent ses immenses ressources.

» Il n'est pas inutile de faire remarquer, en terminant, que si des résultats d'une telle importance ont été obtenus au bout du monde avec des forces militaires si peu considérables, on doit l'attribuer à la bonne entente heureusement maintenue entre les gouvernements de France et d'Angleterre, et à la valeur dont les marins des deux pays viennent de donner de nouvelles preuves. »

Malheureusement cet espoir, fondé sur la conclusion rapide du traité de Tien-tsin et sur les brillants résultats de la courte campagne de 1858, ne devait pas se réaliser immédiatement. Le gouvernement chinois n'avait été qu'effrayé, mais il ne se regardait pas comme vaincu ; il fallait des coups plus sérieux pour abattre son orgueil et le forcer enfin à se soumettre à l'exécution du traité.

CHAPITRE IV

Evénements qui se passèrent à Canton pendant l'expédition du Peï-ho. — Expédition contre les *braves* des environs de Canton. — Les Chinois s'opposent au passage des plénipotentiaires français se rendant à Pékin pour l'échange de la ratification du traité de Tien-tsin. — Les alliés éprouvent un grave échec à l'embouchure du Peï-ho, le 25 juin 1859. — L'Angleterre et la France organisent une expédition pour venger cette insulte. — Ultimatum signifié au gouvernement chinois. — Réponse de ce gouvernement.

Le départ de Canton d'une partie de la flotte alliée et des plénipotentiaires, pour leur expédition dans le Peï-ho, encouragea une foule d'individus à tenter d'expulser la faible garnison européenne qui occupait Canton. Plusieurs attaques eurent lieu contre elle, mais toutes furent vigoureusement repoussées. Le traité de paix de Tien-tsin fut proclamé à Canton le 4 août 1858 ; dès lors les hostilités cessèrent, mais une certaine défiance subsista toujours de part et d'autre. Peh-kwaï fut nommé gouverneur en remplacement du fameux Yeh, et Hwang fut nommé commandant général des troupes.

Au commencement de janvier 1859, une colonne anglaise de huit cents hommes, ayant poussé une reconnaissance jusqu'à sept milles de Canton, et pénétré dans le cercle dit des *quatre-vingt-treize* villages, connus de tout temps par leur hostilité envers les étrangers, fut, de la part de quelques *braves* (c'est le nom que se donnent les soldats tartares) et d'une population nombreuse, l'objet d'attaques qu'elle eut à repousser, et qui ne cessèrent que lorsque cette colonne ne fut plus qu'à une lieue de la ville.

Cette agression, non motivée, faite en pleine paix, ne pouvait rester impunie. Le nouveau gouverneur, Peh-kwaï, fut, en conséquence, informé que les alliés se rendraient en force à Shek-tsing, quartier général du comité du mouvement, et que là les chefs des *braves* et les notables des villages agresseurs leur seraient livrés, faute de quoi cette position fortifiée serait détruite. Peh-kwaï se montra fort irrité contre les agresseurs; toutefois il fit tous ses efforts pour dissuader les alliés de faire cette excursion, promettant de livrer prochainement, *mais à Canton même*, les otages exigés par les commandants alliés.

On ne tint pas compte d'une semblable promesse dont on connaissait la valeur, et le 8 janvier de très-grand matin, une colonne expéditionnaire forte de seize cent cinquante hommes, avec quatre obusiers de montagne, sortit des lignes, et s'avança résolument contre She-tsing, qu'elle enleva de vive force, malgré sa situation sur une hauteur, et ses vingt-quatre pièces de canon. En voyant la résolution des Européens, les Chinois abandonnèrent leurs batteries et prirent la fuite. La colonne expéditionnaire s'établit à Shek-tsing. — L'après-midi et toute la journée du lendemain furent employées à parcourir les centres de populations environnants, tout en laissant une réserve suffisante à Shek-tsing. Les alliés se rendirent notamment à Kong-soun, autre point de réunion du comité du mouvement. Ce poste, également défendu par de l'artillerie, n'opposa aucune résistance. Dans tous les villages que traversa la colonne (villages dont la population est souvent supérieure en nombre à celle de nos villes ordinaires), on fit expliquer aux députations qui se présentèrent, ou aux notables qu'on fit appeler, le but de l'expédition, et on leur annonça que l'on reviendrait chez eux en amis, qu'aucun dommage ne leur serait fait, mais aussi qu'aucune agression de leur part ne resterait impunie.

Le 10 dans la matinée, Shek-tsing fut évacuée et brûlée, après toutefois qu'on eût mis hors de service les armes et les munitions de guerre qu'on y avait trouvées. La colonne, dans sa marche pour rentrer à Canton, détruisit aussi les municipalités de deux villages qui avaient fait feu sur la troupe et tenté d'assassiner nos courriers.

Cette expédition, conduite avec le plus grand succès, par les commandants alliés, contre les *braves* des quatre-vingt-treize villages, et la destruction de Shek-tsing, leur quartier général, produisirent le meilleur effet dans toute la province.

Bientôt eut lieu une nouvelle expédition, mais cette fois toute pacifique, sur *Fatscham*, ville de près d'un million d'habitants située à quinze lieues au-dessus de Canton, et dans laquelle s'étaient réfugiés les notables de cette dernière ville en y emportant leurs richesses.

Le 24 janvier, un corps expéditionnaire anglo-français, ayant à sa tête l'amiral Seymour, le général Straubensée et le commandant d'Aboville, s'est rendu dans cette ville. Partout l'accueil le plus respectueux et le plus empressé a été fait aux alliés; partout les mandarins venaient au-devant des commandants, et pas le moindre acte d'hostilité ne fut commis pendant les deux jours que dura l'expédition.

D'autres expéditions tout aussi pacifiques eurent lieu dans les mois de janvier et de février; quelques-unes durèrent cinq à six jours et s'éloignèrent jusqu'à vingt-cinq lieues de Canton. Partout les populations se montrèrent respectueuses et même empressées, et enfin, au printemps de 1859, la tranquillité la plus grande régnait à Canton et dans toute la banlieue. La mort du gouverneur Peh-kwaï, arrivée à cette époque (25 avril), n'apporta aucun changement à l'état des choses.

Tandis que la situation pacifique du Sud paraissait devoir se consolider, dans le Nord, un événement inattendu vint tout remettre en question, et décida une nouvelle guerre entre la France, l'Angleterre et la Chine.

Après le traité de Tien-tsin, les plénipotentiaires avaient eu encore de longues discussions pour régler, ainsi qu'il en avait été convenu, les tarifs et règlements commerciaux; enfin ces traités particuliers furent conclus et signés à Shang-haï au mois de novembre 1858.

Restaient les ratifications du traité, qui, au terme de l'article 42 de cet acte diplomatique, devaient être échangées à Pékin. La saison étant trop avancée pour entreprendre ce voyage cette année, les ministres de France et d'Angleterre convinrent de le remettre à l'année suivante pendant la belle saison. Cependant quelques inquiétudes furent conçues dans le principe sur la conduite que tiendrait le gouvernement chinois lorsque le moment d'effectuer cet échange serait arrivé; mais elles furent dissipées par les assurances pacifiques des autorités chinoises; des déclarations très-explicites des commissaires impériaux autorisaient à croire qu'aucun obstacle ne serait mis au voyage des envoyés français et anglais à Pékin. En conséquence, les ministres de France et d'Angleterre, MM. de Bourboulon et Bruce, quittèrent Shang-haï au mois de juin 1859, pour se rendre dans la capitale du Céleste-Empire, après avoir officiellement annoncé leur départ au commissaire du gouvernement chinois.

Le 20 juin M. Bruce arriva à l'embouchure du Peï-ho, où il fut rejoint dans la soirée du même jour par M. de Bourboulon, monté sur la corvette de la marine impériale *le Duchayla* et suivi du *Norzagaray*. L'amiral anglais Hope, qui les avait précédés de quelques jours, avait déjà pu se convaincre, par l'inspection des travaux de défense construits récemment et par les réponses évasives que les autorités subalternes avaient faites aux notes par lesquelles il annonçait l'arrivée des plénipotentiaires, que l'intention du gouvernement chinois était de s'opposer à ce qu'ils pussent s'acheminer vers la capitale. La journée du 21 fut employée par les plénipotentiaires à se concerter sur la conduite qu'ils devaient adopter, et l'amiral Hope ayant dû penser que les forces dont il disposait étaient suffisantes pour triompher des obstacles qu'il avait devant lui, il fut résolu que l'on tenterait de forcer le passage : le 22, l'amiral fit porter à terre une sommation qui resta sans réponse, par laquelle il engageait les autorités locales à retirer sans délai les obstacles qui barraient le fleuve, faute de quoi il y procéderait lui-même. Il employa les journées du 23 et du 24 à prendre toutes ses dispositions pour un conflit regardé maintenant comme inévitable.

D'après les intentions du plénipotentiaire français, l'aviso de la marine impériale *le Norzagaray*, et la compagnie de débarquement du *Duchayla*, se placèrent, pour l'attaque, sous les ordres de l'amiral anglais.

Le Norzagaray franchit la barre le 23, sans accident. Pendant ces préparatifs, les lignes de défense des Chinois, consistant sur les deux rives en forts détachés d'une assez grande élévation, reliés entre eux et couverts par une ligne fort étendue de parapets en terre garnis de batteries rasantes, présentaient un front désert et silencieux ; leurs embrasures étaient complétement dissimulées par des rideaux en nattes, à tel point qu'on pouvait se demander s'il y avait derrière ces ouvrages quelqu'un pour les défendre. Cette attitude calme et silencieuse, si différente des démonstrations bruyantes en usage parmi les Chinois du Sud, semblait d'une signification inquiétante, et indiquait en effet chez ceux à qui on avait affaire une résolution et une discipline qui ne présageaient rien de bon ; mais il était trop tard pour reculer.

Dans la nuit du 24 au 25, l'amiral Hope fit essayer par ses embarcations de faire sauter, au moyen d'artifices, les barrages placés en travers de la rivière. Ces obstacles consistaient en une triple ligne d'estacades, dont la première était formée de chevaux de frise en fer, solidement fixés dans le fond, et assez rapprochés pour ne pas permettre à des bâtiments autres que des embarcations de passer entre les intervalles ; la seconde ligne était composée de madriers reposant sur l'eau, reliés par de fortes chaînes et assujettis à des pilotis ; la troisième enfin présentait en travers du courant comme un immense radeau de cent vingt à cent trente pieds de profondeur, soutenu et fixé par d'innombrables pilotis. Les embarcations, en passant dans l'intervalle des piquets de la première ligne, parvinrent à faire sauter quelques-uns des madriers de la seconde estacade, mais l'opération ne réussit que très-imparfaitement.

A partir du 25 juin, chacun attendait avec anxiété le dénouement de la lutte qui ne pouvait tarder longtemps à s'engager. « Placés à sept milles environ de distance, écrit un témoin oculaire, nous pouvions apercevoir distinctement l'entrée de la rivière et nous rendre assez bien compte de la position. On voyait la silhouette des principaux forts, un peu plus bas la mâture des canonnières se détacher sur l'horizon, et, à l'aide de la longue vue, nous eûmes bientôt discerné la position du *Norzagaray*. Cependant l'heure présumée de l'attaque se passa sans qu'on aperçût aucun mouvement. Nous vîmes seulement une jonque s'approcher de la frégate *Chezapeake* et, après s'y être arrêtée quelque temps, se diriger vers *la Magicienne*. Nous avons appris depuis qu'elle avait apporté à M. Bruce une lettre du gouverneur général du Pé-tché-li, lettre qui n'était qu'une nouvelle feinte pour obtenir du ministre anglais des délais et éluder l'échange des ratifications des traités. A deux heures et demie, le canon retentit tout à coup du côté de la rivière avec une extrême violence : le combat était commencé.

» Depuis deux heures et demie jusqu'à six heures, la canonnade dura sans interruption et sans se ralentir ; et presque dès le début il fut évident, à la manière dont les Chinois répondaient à notre feu, que si l'on pouvait espérer la victoire, elle serait du moins chèrement achetée. Vers six heures, le feu des forts diminua sensiblement, puis cessa tout à fait, et nous pûmes croire un moment que l'amiral était parvenu à l'éteindre. Mais un peu après sept heures, il recommença de part et d'autre avec une nouvelle violence, et se prolongea fort tard dans la soirée, surtout du côté de l'ennemi, dont les coups, que l'on pouvait distinguer par la position des forts, et les détonations vibrantes des gros canons de bronze, étaient souvent précédés de feux lumineux destinés sans doute à éclairer la scène. Il devenait dès-lors à peu près certain que l'amiral avait dû éprouver un échec.

» Ce ne fut que le lendemain, assez tard dans la matinée, que l'on apprit toute la triste vérité, par le retour de l'aviso *le Coromandel*, ramenant l'amiral blessé à la hanche d'un boulet épuisé. Voici à peu près ce qui s'était passé :

» Vers deux heures, l'amiral ayant disposé ses bâtiments en face des forts, avait donné l'ordre à l'*Opossum* et au *Plover*, autre canonnière qu'il montait lui-même, de s'amarrer fortement à l'un des chevaux de frise de la première ligne et de tâcher de l'arracher. Cette tentative réussit, et, au bout de quelque temps, une ouverture suffisante avait été faite pour que le *Plover* et l'*Opossum* pussent y passer. A l'instant où les canonnières eurent franchi la première estacade, les Chinois commencèrent à tirer de leurs forts et de leurs batteries rasantes, qui jusque-là étaient demeurées masquées. Le feu s'engagea alors sur toute la ligne : Celui des Chinois était principalement dirigé sur les deux canonnières qui se trouvaient en avant, et avec une telle précision qu'aux premières décharges, dix-sept hommes du *Plover* furent étendus sur le pont. Les deux canonnières eurent bientôt leurs chaînes brisées par les boulets et furent entraînées à la dérive. L'amiral Hope se fit conduire alors dans la baleinière du commandant Tricault, du *Duchayla*, qui s'était tenu constamment à ses côtés, à bord du *Cormoran*.

» Vers la fin de la journée, l'amiral anglais, voyant que le feu de l'ennemi, ralenti peu à peu, avait presque entièrement cessé, put croire qu'il avait réussi à l'éteindre en partie, et voulut employer la dernière ressource, les troupes de débarquement, pour tâcher d'enlever les forts de la rive gauche. Le débarquement, au dire du commandant Tricault, qui voulut y prendre part à la tête de ses hommes, et qui a été blessé au bras, s'exécuta avec un ensemble admirable. A sept heures cinq minutes le signal fut donné, et à sept heures vingt, toutes les embarcations avaient touché le rivage. Au moment où elles abordaient, les Chinois, qui avaient réservé leur feu depuis une heure, accueillirent les troupes par d'effroyables décharges. Pour arriver jusqu'aux fortifications, il fallait traverser un espace de six cents mètres d'un terrain vaseux où les hommes enfonçaient jusqu'à la ceinture, pour franchir trois fossés, dont le dernier avait quatre mètres de largeur et deux mètres d'eau. On le tenta cependant, officiers et soldats rivalisant de courage; mais un petit nombre seulement parvint jusqu'aux pieds des ouvrages; les hommes étaient épuisés, les armes et les munitions mouillées et hors de service, et les échelles qu'on avait débarquées, brisées par les boulets. Il fallut se résoudre à la retraite en profitant de la nuit; et l'ennemi n'osant pas sortir de ses retranchements, elle put s'opérer sans beaucoup de perte. »

Telle est la relation des principaux incidents de cette désastreuse mais héroïque journée. Eu égard au petit nombre de Français engagés, nos pertes ont été sensibles; dans le débarquement nous avons eu quatre hommes tués et dix blessés, parmi lesquels un officier et le commandant Tricault, qui n'a cessé de se trouver au plus fort du combat.

Les pertes des Anglais ont été très-considérables; elles se sont élevées à quatre cent soixante-huit officiers et marins mis hors de combat : au nombre des blessés se trouvait l'amiral Hope. Celui-ci se vit en outre forcé d'abandonner trois de ses canonnières, *le Plover*, *le Lee* et *le Cormoran*.

La résistance énergique et habilement dirigée que nous rencontrâmes dans cette funeste journée du 25 juin 1859, est due à la discipline et à l'énergie des soldats mongols, bien supérieurs aux troupes chinoises et même tartares contre lesquelles nous avions eu à combattre jusqu'alors, mais dont nous aurions eu raison, si les difficultés du terrain ne nous avaient pas empêchés de les aborder. Ajoutons enfin que les Chinois s'étaient préparés depuis longtemps à cette espèce de guet-apens, sachant bien que nous n'avions pas de forces suffisantes pour une attaque, et que les troupes alliées n'avaient d'autre but que de faire escorte aux envoyés de la France et de l'Angleterre.

Une pareille insulte faite aux deux plus grandes puissances maritimes du monde appelait nécessairement une éclatante réparation. Aussi, dès que les faits furent connus en Europe, les deux gouvernements de France et d'Angleterre se concertèrent pour envoyer en Chine une expédition suffisante pour forcer le cabinet de Pékin à se soumettre au traité de Tien-tsin, et à payer de justes indemnités pour les frais de la guerre.

Le corps expéditionnaire français fut composé des 101° et 102° régiments de ligne, du 2ᵐᵉ bataillon de chasseurs à pied, de plusieurs bataillons d'infanterie de marine, d'un détachement d'artillerie, de génie, de spahis, d'officiers d'administration, etc. Il fut placé sous le commandement en chef du général de division comte de Montauban, ayant sous ses ordres les généraux de brigade Collineau et Jamin.

Le corps expéditionnaire anglais, à peu près de la même force, était composé de divers régiments anglais, de *riflemen* et de cavaliers indigènes de l'Inde. Ce corps était sous les ordres du général Grant.

Le vice-amiral Charner fut nommé au commandement des forces navales françaises dans les mers de Chine. La flotte anglaise était placée sous les ordres de l'amiral.

Tandis qu'on faisait ces préparatifs, les agents diplomatiques continuaient, et le plénipotentiaire français adressa au gouvernement chinois un *ultimatum* dont voici les principaux points :

1° Excuses formelles pour l'attaque des forces alliées à Ta-kou ;

2° Echange à Pékin des ratifications du traité conclu précédemment à Tien-tsin ;

3° Déclaration que le gouvernement français reprenait le droit d'établir une mission diplomatique permanante à Pékin ;

4° Paiement d'une indemnité de soixante millions de francs.

Voici la réponse du gouvernement chinois à cet *ultimatum* ; elle était adressée à Ho, gouverneur des deux Kiang ; elle est conçue en ces termes :

« Pékin, fin mars 1860.

» Le grand conseil a reçu hier la dépêche de Votre Excellence, transmettant une lettre officielle de l'envoyé français, qui, ayant été, à ce qu'il dit, empêché par les autorités chinoises de se rendre à la capitale lorsque, dans l'intention de venir y échanger les ratification du traité, il se rendit à l'embouchure du Peï-ho, dans le courant de la 5me lune de l'année dernière, demande le remboursement des frais de la guerre, et une indemnité pour l'attaque dont un de ses navires aurait été l'objet. Le grand conseil trouve que ce n'est pas la Chine qui s'est montrée déloyale en cette occasion, car ce sont les Anglais qui, au mépris des ordres que nous avions le droit de leur donner, vinrent avec une armée à l'entrée du fleuve de Tien-tsin pour y détruire les obstacles préparés pour la défense.

» Les Français et les Américains ne se sont pas joints à eux; aussi les autorités du port se sont-elles empressées d'envoyer auprès d'eux demander des informations et enjoindre à leurs navires de prendre la route de Pétang pour se rendre à la capitale; mais, comme le navire français était déjà parti, ce furent les Américains seuls qui vinrent à Pétang échanger leur traité; la raison en était que les Français avaient négligé de nous notifier officiellement qu'ils étaient arrivés *à la suite des Américains.* D'ailleurs, après le départ des Français, Votre Excellence leur a fait savoir, par une dépêche adressée à Shang-haï, que, puisqu'ils ne s'étaient pas joints à l'attaque, ils pouvaient échanger leur traité, pourvu qu'ils en exprimassent le désir, et se rendissent, à l'instar des Américains, à Pétang. Les archives en font foi.

» Quant au paragraphe concernant le paiement des dommages et intérêts pour l'attaque et la destruction d'un navire, ainsi que d'une indemnité pour les frais de la guerre, puisque les Français n'ont pas aidé les Anglais dans leurs hostilités contre les Chinois, comment aurions-nous pu attaquer ou détruire leurs navires? Et si l'on parle dommages et intérêts ou indemnités de guerre, la Chine a dépensé assurément, ces dernières années, millions sur millions en vue de la guerre; et s'il s'agissait de remboursements réciproques, ce qu'on pourrait réclamer de la Chine n'atteindrait certes pas à la moitié de ce qui lui serait dû à elle-même.

» D'ailleurs, la France ayant sollicité l'année dernière, avec instances, l'assimilation, pour le paiement des droits à Taï-wan et autres ports, de son commerce à celui des Américains, le grand Empereur, *toujours plein de compassion pour les étrangers,* ne les traitant qu'avec une libérale humanité, et n'ayant que de la sollicitude pour le commerce, n'a pas voulu tenir compte de ce que le traité français n'avait pas été échangé, et a daigné étendre aux Français les avantages concédés aux Américains. N'était-ce pas les traiter avec générosité ? Et voici que les Français, au lieu d'en être reconnaissants, parlent au contraire excuses, attaques, dommages et intérêts et indemnités de guerre ; s'avisant encore, dans leur dépêche, de fixer des délais à cet effet, toutes choses assurément aussi extravagantes qu'inouïes et déraisonnables.

» Pour ce qui regarde le paragraphe relatif à la résidence permanente à Pékin, le conseil trouve que le traité français n'en dit pas un mot ; car l'article 2 stipule seulement que « dans le » cas où une autre puissance inscrirait dans son traité qu'elle » enverrait des ambassadeurs ou envoyés dans notre capitale, » la France pourrait en faire autant. » Or l'Angleterre ayant fait l'année dernière les instances les plus pressantes à ce sujet, il lui fut répondu catégoriquement, par les commissaires impériaux Kouéï et autres, que cela était impossible. Les Français n'ont donc en aucune façon à s'occuper de cette affaire.

» Reste leur demande d'être autorisés à venir au Nord pour échanger les ratifications de leur traité. Et il est à dire à cet égard que si les Français veulent se soumettre à ce que Votre Excellence entre en négociations avec eux, à Shang-haï, au sujet de ce qui dans le traité doit avoir son plein et entier effet, ils pourront évidemment y être autorisés après que tout aura été convenu et qu'il n'y aura plus d'objections de part ni d'autre ; n'amenant, bien entendu, avec eux, aux termes du traité, que peu de monde et pas de bâtiments de guerre. Dans ce cas, la Chine ne manquera pas de les traiter convenablement, pourvu encore qu'ils prennent la route de Pétang. Mais s'ils viennent avec des navires de guerre et s'ils se présentent devant Ta-kou, c'est qu'ils n'auront pas l'intention sincère d'échanger les ratifications de leur traité, mais seront mus au contraire par de mauvais sentiments.

» Aussi, pour éviter que cela ne donne lieu à des soupçons, à de l'inimitié et à d'autres inconvénients semblables, est-il nécessaire que Votre Excellence fasse pleinement connaître ce qui précède à l'envoyé de la France. »

Nous n'avons pas besoin de faire ressortir l'astuce et la mauvaise foi qui règnent dans ce document, dans lequel le ministère chinois affecte de supposer que les Français n'avaient point pris de part à l'attaque du 25 juin, tandis que les Américains seuls y étaient restés étrangers. Quant à ce qui est relatif à la résidence permanente d'un envoyé français à Pékin, la note s'appuie, pour expliquer le refus qui est fait à la France, sur ce qu'un refus semblable a été fait à l'Angleterre; mais elle ne dit pas que depuis longtemps un ambassadeur russe réside à Pékin en vertu d'un traité, et que, par conséquent, la France aurait le même droit d'après l'article 2 de son traité particulier invoqué par la note elle-même. Enfin, on sait ce que signifiaient ces exigences au sujet de la manière dont devaient se faire l'échange des ratifications, et ces négociations auxquelles devaient se *soumettre* les plénipotentiaires français; c'est-à-dire qu'on ne voulait point recevoir notre ambassadeur comme le représentant d'une puissance traitant d'égal à égal avec le gouvernement chinois, mais on voulait forcer nos envoyés à se présenter dans une posture humble et suppliante, comme des vassaux du *Fils du Ciel*, qui venaient implorer sa compassion en faveur des étrangers (ou des barbares). C'est pour cela qu'on ne voulait point d'une escorte trop nombreuse, ni que les plénipotentiaires prissent la route du Peï-ho, qui, communiquant au canal impérial, pouvait leur permettre d'amener une flottille nombreuse jusqu'à Pékin; mais on voulait qu'ils prissent la route de Pétang, qui ne communique point avec le canal impérial, et qui les eût forcés de faire par terre la plus grande partie de la route, *avec peu de monde*, afin d'être livrés entièrement à la discrétion des Chinois.

Le succès inespéré qu'ils avaient remporté le 25 juin précédent, et les immenses préparatifs de défense qu'ils avaient faits, ne leur permettaient pas de douter d'un nouveau succès, si les alliés voulaient de nouveau tenter de pénétrer par la force jusqu'à Pékin.

Une communication identique ayant été faite au représentant d'Angleterre, les ministres français et anglais remirent immédiatement aux commandants des forces de terre et de mer des deux nations le soin de se concerter sur les mesures à prendre pour contraindre le gouverneur chinois à exécuter les engagements qui résultent pour lui du traité de Tien-tsin.

CHAPITRE V

Arrivée en Chine de l'expédition. — Le camp de Tché-fou ; relations avec les Chinois. — Départ de ce camp. — Débarquement à Pétang. — On s'empare du fort sans résistance. — Une première reconnaissance. — Attaque et prise des forts et du camp retranché de Ta-kou. — Prise des deux premiers forts du Peï-ho. — Soumission de tous les autres.

L'embarquement des troupes expéditionnaires eut lieu dans divers ports de l'Océan et de la Méditerrannée, dès le mois de février. Le transport se fit dans les conditions les plus favorables, soit par l'Océan et le cap de Bonne-Espérance, soit par l'isthme de Suez, de sorte qu'une partie de nos troupes étaient déjà arrivées à Shang-haï, point désigné pour leur réunion, dès le mois d'avril 1860.

Le premier acte de cette guerre fut l'occupation de l'île de Chusan, qui eut lieu sans coup férir, le 21 avril, à la suite d'une convention passée entre les commandants des forces navales et militaires françaises et anglaises et les autorités chinoises de l'île.

Le soir même, les pavillons de France et d'Angleterre flottaient réunis sur la forteresse et les principaux établissements de la ville de Ting-haï, la capitale de l'île. Une proclamation affichée aux carrefours et sur les places publiques annonça aux habitants l'occupation de leur île, et les invita à continuer en toute sécurité leurs opérations commerciales. C'est ce qu'ils firent, et la tranquillité ne fut pas un instant troublée pendant le séjour des alliés.

L'effectif complet de l'expédition française, infanterie et artillerie, était arrivé en Chine dans le mois de mai; la cavalerie, chasseurs d'Afrique et spahis, arriva en juin. Les généraux et amiraux alliés décidèrent que les forces françaises iraient occuper la petite presqu'île de Tché-fou, située dans le golfe de Pé-tché-li, où elles se reposeraient des fatigues de leur longue traversée, jusqu'à ce que fût venu le moment d'agir.

Nos troupes débarquèrent sur ce point le 9 juin, sans trouver aucune résistance. Le petit nombre de Chinois que rencontrèrent nos soldats, se jetèrent à leurs genoux et s'enfuirent en répandant l'alarme. La population des villages voisins émigra en masse, et il fallut toute la fermeté du général Collineau pour vaincre petit à petit la terreur que nos *pantalons rouges* inspiraient.

Le camp français de Tché-fou occupait une pointe de terre de 600 mètres environ de longueur sur 300 de largeur. On y trouva de l'eau douce en abondance et tout ce qui était nécessaire à la bonne installation des troupes; le climat du pays était en ce moment dans les meilleures conditions de salubrité; la température était celle de la France au printemps, et la campagne était magnifique.

La ville près de laquelle campaient les troupes françaises s'appelle Yen-taï; sa population est 10 à 12,000 âmes. Près de là se trouve la petite ville de Ki-sen-soo, entourée d'une muraille en terre avec des portes en pierre de taille. A huit lieues de Tché-fou, est la ville de Teng-tcheou-fou, ville de premier ordre, chef-lieu de cette partie de la province du Chang-tong. Outre ces villes, on rencontre à chaque pas de nombreux villages d'une propreté remarquable; les maisons sont construites dans le genre de ce que nous appelons en France murs cyclopéens. Aucun villageois n'était armé; tous, au bout de quelques jours, accueillaient nos soldats avec cordialité; les pauvres venaient manger à leur gamelle, et ce n'est assurément pas notre petite armée française qui a dû faire redouter aux Chinois les rapports et le caractère européens.

Bientôt, de cinq heures du matin à quatre heures du soir, il s'établit près du camp français un marché abondamment pourvu de poules, œufs, porcs frais, légumes verts, etc. Les marchands s'entendaient parfaitement avec nos soldats, bien que de part et d'autre l'ignorance de la langue fût une difficulté sérieuse; mais tout se faisait par signes, et l'intelligence du soldat français, à laquelle n'est pas inférieure celle du marchand chinois, suppléait à ce que la parole ne pouvait exprimer. Tout était à très-bon marché et payé comptant aux habitants, ce qui avait inspiré la plus parfaite confiance en nos troupes, et l'administration a pu traiter très-facilement pour toutes les denrées nécessaires à l'alimentation des hommes et des chevaux. Dans toute la ville de Yen-taï, les marchands chinois s'étaient fait faire des écriteaux français pour indiquer leur genre de commerce.

On trouve de curieux détails sur le séjour de notre petite armée à Tché-fou, dans une lettre écrite de ce camp par un officier de l'expédition, à la date du 8 juillet. En voici quelques extraits :

« Notre marché abonde en légumes de toute sorte: oseille, choux, ignames, navets, etc., puis des poules, des œufs, des porcs, quelques rares moutons. On y trouve aussi des étoffes de coton, des aiguilles, des glaces et un affreux tabac. C'est un brouhaha continuel des cris : *Eh ! dis donc, combien ? combien ?* poussés par les Chinois, qui ont facilement retenu ces mots de notre langue, et qui s'en servent pour appeler notre attention...

» Les Chinois retiennent le français avec beaucoup de facilité et savent déjà presque tous compter avec nous. Ils prononcent bien les mots usuels, mais la lettre *r* est pour eux d'une difficulté inouïe à prononcer, et aussi la changent-ils en *l* comme nos babys : *Flançais, mandalins,* etc.

» Le 3 juillet, le mandarin civil et le chef militaire de la province, au gros bouton bleu, entourés de mandarins inférieurs et des lettrés au globule doré, sont venus, à la tête de la police à la houppe rouge, rendre visite au général Jamin, commandant en chef par intérim, qui avait convoqué, pour recevoir ces hauts personnages, le général Collineau, le contre-amiral Protet et les chefs des services administratifs. Un courrier précédait cette procession, portant les noms des augustes visiteurs tracés au pinceau rouge ; il était suivi d'un aide de camp à cheval, du porte-parasol, du porte-pipe, du palanquin, du porte-feu, des officiers, enfin de la police à la houppe rouge. »

Le 11 juillet, le général Grant, commandant en chef de l'armée anglaise de Chine, vint de Ta-lien-hwant, où sont campées les troupes anglaises, visiter à Tché-fou le général Montauban, récemment arrivé, pour conférer sur les intérêts communs aux forces alliées. Dans cette conférence, on fixa l'époque de l'ouverture des hostilités contre les ouvrages qui défendent l'entrée du Peï-ho.

Ce moment était vivement désiré par nos soldats, si l'on en juge par ce passage de la lettre dont nous avons cité plus haut quelques fragments : « Les troupes attendent avec impatience le commencement des hostilités ; la confiance dans les chefs est générale, et cinq mois de navigation, pendant lesquels la sollicitude des officiers a dépassé tout ce qu'on pouvait attendre de leur part, ont gravé au fond du cœur du soldat une profonde reconnaissance. Qu'on commande *En avant !* et vous aurez des nouvelles de ce petit noyau de Français. » — Ce n'était pas là, comme nous le verrons bientôt, une vaine fanfaronnade.

L'armée séjourna un peu plus de six semaines à Tché-fou. Pendant ce temps-là les soldats s'étaient complètement reposés des fatigues d'une longue navigation, dans un pays sain et au milieu de l'abondance de toutes sortes de vivres. L'état sanitaire de l'armée était tel qu'il n'y avait pas plus de soixante-quatre malades à l'hôpital, au bout de six semaines de séjour, c'est-à-dire à peine un sur cent. Ce temps avait aussi été employé à compléter les approvisionnements de toute nature nécessaires à l'expédition. Des chevaux achetés au Japon, pour monter la cavalerie et transporter les pièces d'artillerie, étaient arrivés et avaient déjà pu être exercés à leurs différents services.

Enfin, l'armée, hommes, chevaux et matériel, embarquée en trois jours à bord de cinquante navires environ, quittait, le 26 juillet au matin, la baie de Tché-fou, laissant le camp et les malades sous la garde d'un détachement français. La flotte, naviguant en escadre divisée en trois colonnes, se dirigeait vers un rendez-vous pris avec l'escadre anglaise en pleine mer, dans le sud-ouest de l'île Sha-lui-tien. Le 28, les deux flottes arrivaient simultanément au mouillage, et formaient une réunion de plus de deux cents bâtiments. Le 30, les flottes alliées opéraient un mouvement en avant afin de se rapprocher le plus possible de la côte. De ce dernier mouillage elles restaient encore séparées de terre par un espace de plus de quatre lieues, c'est-à-dire en pleine mer, sans abri, ne pouvant juger de rien autour d'elles, sinon que le golfe de Pé-tché-li, dans ces parages voisins du théâtre de la guerre, n'offre aucune espèce de garantie de sécurité à la marine, et que par un gros temps elle ne saurait échapper à quelque épouvantable catastrophe.

Le 1er août, jour fixé pour le débarquement, à neuf heures du matin, mille hommes de chaque brigade française, une batterie de montagnes et une batterie de 4, furent installés à bord de chaloupes et de jonques remorquées par sept petits bateaux à vapeur. Les mêmes forces anglaises marchaient à notre droite, se dirigeant vers la plage. A trois heures de l'après-midi on arrivait en vue de terre, sur la rive droite du Pétang, à deux mille mètres environ du fort qui défend la rive. Les forts restaient muets ; un silence de mort régnait sur la plage et dans la ville ; pas un toit ne fumait. Un noyau de cavaliers tartares seul se tenait groupé sur la chaussée de Sing-kho, près d'un port reconnu la nuit précédente comme étant l'unique accès par voie de terre dans le village de Pétang, entouré d'eau de toutes parts. L'heure pressait, il fallait prendre un parti décisif. Deux cents chasseurs à pied du 2e bataillon, ayant à leur tête le commandant Lapoterie et le capitaine Blouet, se mirent à l'eau en même temps que le général Montauban, l'état-major général, le colonel Dupin et plusieurs autres chefs de service. De leur côté, les Anglais envoyaient un détachement de cypaies, précédé d'un groupe d'officiers supérieurs. Après avoir fait environ quinze cents mètres dans l'eau et la vase, ces premiers détachements arrivèrent sur un terrain à peu près sec, à deux mille mètres environ de la chaussée, qui, dès l'approche des troupes, avait été abandonnée par les cavaliers tartares fuyant dans la direction de Tien-tsin et du Peï-ho.

Le même silence continuait à régner dans les forts et dans le village. L'ordre avait été donné de continuer le débarquement : il fallait absolument occuper avant la nuit le pont qui commandait l'entrée du village de Pétang.

Le lieutenant-colonel Dupin, à la tête de vingt-cinq chasseurs d'extrême avant-garde, résolut de s'emparer de ce pont; il fut rejoint par quatre officiers anglais. Ils entrèrent ensemble sur le pont, que personne ne songeait à défendre, et bientôt ils arrivèrent au village de Pétang, à l'entrée duquel ils furent accueillis par un groupe de cinq ou six cents malheureux qui, n'ayant pas eu le temps de fuir, se prosternaient dans la boue en demandant grâce.

On était en trop bon chemin pour de s'arrêter là. Le fort fut reconnu et pris tout comme le pont l'avait été. Des gens de la localité même servirent de guides au personnel de cette expédition nocturne, composée cette fois du lieutenant-colonel Dupin, puis du capitaine Laveau, officier d'état-major du général Jamin, des capitaines Blouet, Lafouge et Etienne, du 2ᵉ chasseurs à pied. Trois batteries de bombes de 36 centimètres de diamètre étaient disposées quatre par quatre, de façon à fermer l'accès du fort ou à éclater au moindre contact. Quant à des défenseurs, pas un ; pas même le simulacre de la résistance ; et comme engins de destruction, braqués dans les positions les plus menaçantes et paraissant devoir pulvériser la flotte, de magnifiques canons.... en bois !

Le lendemain matin vers cinq heures, les généraux en chef, suivis de toutes les troupes composant le premier corps arrivé la veille et débarqué dans le courant de la nuit, prenaient possession de la ville ou du village de Pétang [1] et voyaient fuir devant eux les habitants frappés d'une terreur folle.

Le 2 août, plusieurs groupes de cavaliers s'étant montrés sur la levée qui conduit du fleuve Pétang au Peï-ho, et un camp tartare ayant été signalé, les généraux alliés convinrent d'envoyer le lendemain de grand matin une reconnaissance dans la direction du camp, sous les ordres du général Collineau.

Le 3 août, le général Collineau, à la tête d'une colonne composée d'un bataillon du 102e; d'un demi-bataillon d'infanterie de marine, d'une section d'artillerie et du génie, et de quelques compagnies de *riflemen* anglais, exécuta cette reconnaissance.

A sept kilomètres de Pétang, la colonne rencontra, derrière un retranchement, un corps d'armée tartare de six à sept mille hommes. Un feu de mousqueterie assez vif s'engagea. L'infanterie ennemie, abritée derrière des *tumuli*, tirait sur notre tête de colonne, tandis que des cavaliers tartares admirablement montés menaçaient notre flanc droit et notre flanc gauche. La précision du tir européen tint l'ennemi à distance, et après qu'il fut bien constaté aux yeux des Tartares que nous les avions chassés de leurs avant-postes et que nous restions fermes sous leur feu, le but de la reconnaissance étant atteint, la colonne rentra à Pétang, sans avoir perdu un seul homme; dix-neuf soldats seulement, dont sept anglais et douze français, avaient été atteints de blessures très-légères. Le général Collineau a eu son képi effleuré par une balle, et un biscaïen a touché son cheval au sabot.

[1] Pétang a une population de trente mille âmes; mais on ne donne le nom de ville qu'aux centres de populations entourés de murailles; les autres, eussent-ils plusieurs centaines de mille habitants, ne sont appelés que villages.

Le retranchement que nos soldats avaient rencontré dans la reconnaissance du 3, couvrait un grand village appelé Sin-khô. Le 12, l'armée quitta Pétang pour occuper Sin-khô; elle eut à chasser devant elle un fort détachement de cavaliers tartares et un corps d'infanterie retranché dans les positions avancées défendant le village. Le soir, elle campait autour du village abandonné par la population et occupé par une partie de l'armée anglaise.

Le lendemain, on reconnut les environs. Au-dessus de Sin-khô, à environ cinq kilomètres en aval du cours de la rivière, existait un camp retranché formidable, enveloppant le village de Ta-kou et s'appuyant au Peï-ho. Ce camp n'était accessible pour notre armée que par deux débouchés. L'un d'eux était une chaussée aboutissant au front des retranchements; mais cette chaussée, à droite et à gauche, était bordée de fossés profonds, et la plaine de chaque côté est inondée à plus de trois cents mètres; cette route était donc impossible à suivre. L'autre débouché, qui fut adopté par les généraux en chef, pour leur ligne principale et commune d'opérations, était la rive gauche même du Peï-ho. Ce terrain était coupé par de nombreux canaux, présentant à la marche des alliés les plus grandes difficultés; mais toutes furent vaincues, grâce au concours zélé et intelligent du génie, de l'artillerie et des pontonniers.

Il devenait ainsi possible de se rapprocher assez des retranchements pour développer les batteries des deux armées, ouvrir un feu efficace, détruire en grande partie les défenses de l'ennemi, et lancer ensuite les colonnes d'assaut qui, soutenues par le gros de nos forces, devaient enlever les ouvrages. Tel fut le plan adopté; nous allons voir comment il fut exécuté;

écoutons le récit d'un témoin oculaire, non combattant [1] :

« A quatre heures et demie du matin, les clairons sonnent le réveil. Il faut voir le troupier français sortir du lit le matin d'une bataille ; il ne se lève pas, il surgit, et on se demande, en voyant tout le monde debout à la fois, qui des deux a éveillé l'autre, l'homme ou le clairon. Le temps est magnifique ; à cinq heures et demie nous partons. Le défilé commence. Le général en chef avec tout son état-major est en tête ; il est suivi par l'artillerie, qui entrera la première en ligne, soutenue par une avant-garde de deux compagnies de chasseurs à pied, de deux cents hommes des marins de débarquement et d'une compagnie du génie. Le gros de l'armée, c'est-à-dire l'infanterie, arrive ensuite. Le bataillon de chasseurs marche avec sa fanfare éclatante ; le 101ᵉ de ligne, avec toute sa musique qui joue des airs variés. Cette mélodie pimpante, sautillante, qui éclate dans la campagne au milieu des fusils chargés, à quelques pas des boulets tout prêts à bondir et à siffler, et alors que dans une heure peut-être soldats et musiciens seront étendus sur le même terrain ; tout cela me confond. Ces frais de coquetterie faits par le soldat dont la tenue est irréprochable, ces physionomies radieuses, ces motifs de contredanse exécutés par la musique, cet air de fête qu'on respire et qui devient plus intense, plus pénétrant au fur et à mesure qu'on se rapproche, forme le contraste le plus saisissant avec le but vers lequel on marche. Ce but, c'est la mort, on le sait, et l'on n'en marche que plus vîte et plus gaîment vers lui !

» L'armée anglaise appuie sa droite à la rivière dont elle descend parallèlement le cours, tandis que la nôtre, formée en

---

[1] M. Antoine Fauchery, homme de lettres, correspondant du *Moniteur*, mort récemment au Japon.

colonnes serrées, marche à sa gauche et à la même hauteur. A huit heures nous sommes à 1500 mètres environ des retranchements. Je monte au sommet d'un de ces *tumuli* ou tombeaux chinois qui couvrent la campagne, sortes de cônes en terre de cinq à six mètres de haut, qui forment des promontoires excellents pour les curieux. L'artillerie est aussitôt déployée en bataille, l'infanterie derrière elle, et moi derrière l'infanterie ; vous voyez que je me tiens à distance. Eh bien ! par rapport à l'artillerie, non pas celle de l'ennemi, qui pourtant fait feu de toutes pièces, mais par rapport à la nôtre, je suis encore trop près. Quelle arme bruyante ! grand Dieu ! et brillante ! Chacun des boulets rayés qui part de chez nous ou de chez les Anglais écorne une embrasure, balaye une plate-forme, éclate au milieu des cavaliers tartares qui encombrent le camp ; tandis que la majeure partie des projectiles de l'ennemi roulent sans force à un millier de pas devant lui, ou bien, mal dirigés, passent au-dessus de nos têtes sans aucun effet.

» Le feu très-vif et très-nourri de notre artillerie lui permet de se rapprocher jusqu'à 400 mètres.... Le feu des Chinois est presque éteint, quoique des balles et des boulets nous arrivent encore de temps en temps ; mais ces projectiles, provenant d'un tir exécrable, n'atteignent que fort peu de monde.

» Les généraux anglais et français reconnaissent que le moment est venu de donner l'assaut. Toute l'infanterie est massée en avant ; la colonne d'attaque est formée ; les chasseurs d'avant-garde s'élancent ; la compagnie du génie entraîne avec elle les coulies (portefaix chinois au service de l'armée) porteurs d'échelles ; puis le reste du 2ᵉ bataillon de chasseurs, puis les marins, puis l'infanterie, puis tout le monde enfin, que j'ai vu partout à la fois et à la même minute, arriver sur le bord de la contrescarpe. La verve et l'entrain sont immenses. On crie *Vive l'Empereur!* on se baisse, on se pousse, on bondit chacun pour soi, et sous un feu de mousqueterie assez vif, ayant à traverser un fossé plein d'eau et large de huit mètres. Cinq cents des nôtres arrivent sur la crête du retranchement, ayant passé à la nage, sur des échelles, sur des planches, mouillés, crottés, déchirés, mais fermes comme des rocs. Ils se rallient à la voix de leurs chefs. On tiraille sur les défenseurs des créneaux, qui s'enfuient en désordre joindre au fond du retranchement une troupe considérable de cavaliers tartares galopant sur une chaussée qui mène au premier des trois forts échelonnés sur la rive gauche du Peï-ho. Le drapeau français flotte à l'angle d'une porte commandant le front de la défense; le drapeau anglais s'est déployé en même temps que le nôtre à l'angle gauche du retranchement.

» Nous sommes donc maîtres du camp retranché de Ta-kou, et cela à la suite d'une affaire brillante, parfaitement dirigée, et dans laquelle nous avons perdu très-peu de monde, tandis que l'armée ennemie laisse sur le champ de bataille bon nombre de victimes.

» Maintenant, dans ce premier engagement sérieux, le résultat matériel n'est rien, comparé à l'effet moral produit sur cette armée qui s'enfuit terrifiée.... Les Tartares ont abandonné derrière eux une quantité si considérable de bouches à feu de grands et de petits calibres, ainsi que des drapeaux de toutes formes et de toutes couleurs, qu'on ne ramasse pas même ces derniers jetés dans la boue, et que pour sa part l'armée française ne veut faire enlever que quinze canons de bronze assez curieux, à titre uniquement de spécimen. »

Peu d'instants après la prise du fort, l'armée française revint à son camp de Sin-khô, tandis que les Anglais occupèrent le fort et les retranchements de Ta-kou.

Le lendemain, 15 août, le canon français, auquel l'artillerie anglaise répondit, annonça dès six heures du matin la fête de l'Empereur. A neuf heures et demie, une messe en musique fut célébrée au camp français. Ces hommes qui, la veille, étaient si bouillants sur le champ de bataille, organisaient des courses à pied par régiment, avec armes et six paquets de cartouches. La fête se passa avec autant d'ordre que d'entrain. Des distributions extraordinaires furent faites aux divers corps; une dernière salve d'artillerie termina la fête, et nos soldats s'apprêtèrent à continuer leurs glorieux travaux.

Le 18, la première brigade, commandée par le général Jamin, composée du 2ᵉ bataillon de chasseurs à pied et du 1ᵉʳ bataillon du 101ᵉ de ligne, occupa la rive droite du Peï-ho.

« Le 20, dit le général de Montauban dans son rapport au ministre de la guerre, le général Jamin fit, par mes ordres, une reconnaissance destinée à éclairer les débouchés en avant de son front. Il rencontra bientôt des ouvrages occupés fortement et dut s'arrêter devant un feu d'artillerie de gros calibre. Il me fut alors démontré que, sur cette rive, comme sur la gauche, il était impossible d'aborder les forts, sans avoir enlevé le grand camp retranché semblable à celui de Ta-kou, pris dans la journée du 14.

» Dès ce moment, la disposition de l'ensemble des ouvrages chinois m'était clairement connue.

» Sur chaque rive, à l'embouchure du Peï-ho, un fort énorme battant la mer et les approches des estacades; en amont, un autre fort couvrant de feux les premiers et enfilant le fleuve ; enfin, pour protéger tout le système du côté de la terre, un vaste camp retranché situé à la limite de la terre-ferme et des lagunes.

» La position de la brigade Jamin couvrait mon point de passage et avait pour effet de menacer la seule ligne qui restât à l'ennemi.

» D'accord avec le général en chef sir Hope Grant, j'ordonnai de pousser aussi rapidement que possible les travaux du pont que nous construisions en commun. Mais en raison de la largeur du fleuve, qui est en ce point de 260 mètres, quelques jours étaient nécessaires à l'achèvement du pont, et il fut décidé qu'on profiterait de ce délai pour attaquer le fort le plus rapproché de Ta-kou, sur la rive gauche.

» Les canonnières des deux flottes devaient en même temps couvrir de feux, avec leurs pièces à longues portées, le fort de rive gauche situé en aval de celui que nous attaquions.

» La brigade anglaise de sir Robert Napier et la brigade du général Collineau furent désignées pour cette opération, qui fut fixée au 21.

» Le général Collineau alla bivouaquer au camp de Ta-kou, le 20 au soir, avec une compagnie du génie, le premier bataillon du 102e de ligne et deux bataillons d'infanterie de marine. Une batterie de 12 rayée, un détachement de pontonniers sous les ordres du colonel Grandchamps, et une section d'ambulance devaient le rejoindre au point du jour.

» Cet officier-général se mit immédiatement en rapport avec le général Napier, qui avait pris position en avant de Ta-kou et avait abrité derrière un épaulement son matériel de siége.

» Il fut décidé entre eux que dans l'attaque du lendemain les troupes françaises occuperaient la droite des troupes anglaises.

» Le 21 au matin, la brigade Collineau déboucha sur le terrain des opérations par deux chaussées qui traversent les terrains noyés s'étendant en avant de Ta-kou. La compagnie du génie avait préparé cette marche en comblant pendant la nuit une coupure située sur la chaussée de droite.

» Dès le point du jour, les forts ennemis avaient ouvert le feu contre l'artillerie anglaise.

» Le général Collineau prit les dispositions suivantes. Deux pièces, joignant leur feu à celui des pièces de siége anglaises, furent dirigées contre le fort attaqué; les quatre autres pièces, placées sur la rive même du fleuve, commencèrent à contre-battre les batteries des forts de rive droite, dont les feux nous prenaient d'écharpe.

» Vers sept heures, une explosion formidable se produisit dans le fort que nous attaquions; le général Collineau fit avancer immédiatement trois compagnies du 102e, qui prirent position derrière un épaulement à environ 300 mètres de la contrescarpe. Le feu de notre artillerie redoubla de force. Vers sept heures et demie, une explosion plus terrible que la première bouleversa le deuxième fort de la rive gauche. Cependant le feu des forts de la rive droite nous gênait beaucoup; deux pièces de 12 et deux obusiers anglais furent amenés sur l'alignement des troupes les plus avancées, et dirigés contre eux.

» Le moment décisif approchait. Le capitaine Lesergent d'Hendecourt, aide de camp du général Collineau, fut envoyé par lui pour reconnaître les obstacles : ils consistaient en trois fossés pleins d'eau traversant un marais fangeux, et abordables par deux chaussées glissantes ayant à peine deux mètres de largeur. L'intervalle entre les deux derniers fossés et le pied des remparts, où le feu de notre artillerie n'avait pu parvenir à faire brèche, était couvert de défenses accessoires de toute nature.

» D'un commun accord, les généraux Collineau et Napier lancèrent leurs colonnes d'assaut.

» La compagnie de voltigeurs du 102ᵉ fut jetée en avant, tandis que les coulies porteurs d'échelles, sous la direction d'une section du génie, marchaient vers la contrescarpe.

» La 4ᵉ compagnie du 1ᵉʳ bataillon du 102ᵉ suivit de près les voltigeurs, et le colonel O'Malley, de ce régiment, prit le commandement de cette colonne. Cependant le feu de la mousqueterie nous faisait éprouver des pertes sensibles ; les coulies, dont plusieurs avaient été frappés, hésitaient, et une nouvelle section du génie dut porter en avant les échelles abandonnées.

» Grâce à l'intelligence et à l'activité du génie, grâce à l'intrépidité de nos hommes, les obstacles furent enfin franchis ; quelques échelles s'appliquèrent au rempart. Aussitôt le général Collineau lança une colonne de soutien composée de trois compagnies d'infanterie de marine. Alors s'engagea une de ces luttes mémorables qu'il est bien difficile de décrire. D'un côté, quelques hommes du 102ᵉ et de l'infanterie de marine, montant, un par un, sur les échelles, la baïonnette en avant ; de l'autre, un ennemi acharné, luttant avec la mousqueterie, les piques, les flèches, et roulant des boulets du haut du rempart. Le drapeau français est planté sur la crête par le tambour Fachard, de la 4ᵉ compagnie du 1ᵉʳ bataillon du 102ᵉ, arrivé l'un des premiers, et qui soutint une lutte héroïque. Le colonel O'Malley, le chef de bataillon Testard, de l'infanterie de marine ; le chef d'escadron

Campenon, le lieutenant de vaisseau Rouvier, commandant les coulies, le lieutenant-colonel d'état-major Dupin, entraînent nos soldats à leur suite. L'énergie de nos troupes l'emporte, elles pénètrent dans l'ouvrage, et là un nouveau combat recommence sur ce terrain que l'ennemi défend pied à pied avec un acharnement indicible.

» Enfin, le fort est conquis ; les Anglais y pénètrent également de leur côté ; l'ennemi se précipite par toutes les issues, se jetant par les embrasures dans les fossés, et fuit dans la direction du deuxième fort, sous une grêle de balles qui jonche le terrain de ses morts et de ses blessés.

» Mais nos pertes étaient sérieuses et cruelles. Le lieutenant Grandperrier, des voltigeurs du 102e ; le maréchal-des-logis Blanquet du Chayla, attaché au corps des coulies, ont été frappés mortellement. Les lieutenants Balme et Porta, l'adjudant sous-officier Lunet, du 102e, sont grièvement blessés. Sur huit officiers des deux compagnies du 102e, deux seulement ont été épargnés par le feu ; la seule compagnie de voltigeurs compte soixante-deux hommes tués ou blessés. Le commandant Testard n'est parvenu à entrer dans le fort que couvert de coups de lances et de contusions, et après avoir été renversé par un boulet qui lui a été jeté sur la tête.... »

La prise de ce premier fort était une victoire complète ; mais comme il n'était encore que neuf heures du matin, le général en chef songea à retirer tous les avantages qui devaient résulter de ce grand succès. Bientôt les forts de la rive droite cessèrent leur feu, et des pavillons furent arborés sur tous les ouvrages ennemis. En même temps des parlementaires se présentèrent, demandant à communiquer avec les ambassadeurs. Les généraux de Montauban et Grant leur répondirent qu'on leur donnait jusqu'à deux heures pour faire une soumission complète ; sinon les hostilités recommenceraient. On profita de ce délai pour donner du repos aux troupes et disposer l'artillerie en cas de reprise des hostilités.

A deux heures précises, les Chinois n'ayant fait parvenir aucune réponse, le général Collineau se dirigea sur le second fort, laissant en réserve les troupes engagées le matin, pendant que l'artillerie déployée se tenait prête à ouvrir son feu. Il arriva avec sa troupe, jusque sur le bord du fossé, sans recevoir un seul coup de feu ; les obstacles sont franchis sur des échelles, le rempart escaladé ; l'infanterie de marine pénètre par une poterne située sur la rive même du fleuve, et nos deux colonnes se rencontrent dans l'intérieur du fort, enserrant entre elles une garnison de 3,000 hommes qui avait jeté les armes et semblait frappée de stupeur.

Ce second fort, comme le premier, était armé d'une artillerie formidable, et avait sur ses cavaliers des pièces d'un calibre énorme. Ce nouveau succès donna la mesure de la démoralisation de l'ennemi.

En ce moment un mandarin se présenta de la part du vice-roi du Pé-tché-li, offrant aux généraux alliés l'abandon des forts conquis le matin, et l'ouverture du Peï-ho aux escadres, mais réservant aux Chinois les forts et les ouvrages de la rive droite. Ces propositions furent repoussées, et des officiers français et anglais furent envoyés par les généraux en chef au vice-roi pour le sommer d'abandonner immédiatement toutes les défenses des deux rives du Peï-ho.

Ce personnage accueillit très-gracieusement les envoyés européens ; mais il fit durer la conférence fort longtemps, et ce ne fut que vers huit heures du soir qu'il céda, et qu'il remit aux officiers une pièce adressée aux commandants en chef de terre et de mer des armées alliées, dans laquelle il leur faisait abandon de tous les forts et camps retranchés situés sur les deux rives du Peï-ho, avec tout leur matériel de guerre, et laissait libre l'accès du fleuve. Apparemment que quand il fit cette concession, il venait d'apprendre qu'il ne pouvait faire autrement, et que, s'il tardait davantage, les alliés pourraient bien s'en passer. En effet, pendant ces pourparlers, qui se tenaient au palais du vice-roi à Tien-tsin, à peu de distance des forts attaqués, des compagnies d'infanterie de marine et des compagnies anglaises avaient pris pied sur la rive droite, dont les ouvrages venaient d'être évacués dans le plus grand désordre par les troupes tartares.

En résumé, cette belle journée du 21 valut aux alliés la prise de cinq forts, deux immenses camps retranchés, une quantité énorme d'armes de toute sorte, de munitions de guerre, de 518 pièces de canon de gros calibre, et la libre navigation du Peï-ho jusqu'à Tien-tsin. Nous ne parlons pas de 3,000 prisonniers qui n'eussent été qu'un embarras, et qu'on se hâta de renvoyer. Nous avions trouvé dans cette journée, selon l'expression de nos soldats, « les clefs de Pékin. »

CHAPITRE VI

Nouvelles négociations à Tien-tsin. — Elles sont rompues par la mauvaise foi du gouvernement chinois. — L'armée se met en marche pour Tong-tcheou, à trois lieues de Pékin. — Confiance des soldats. — Les plénipotentiaires chinois conviennent de traiter à Tong-tcheou. — Trahison des Chinois qui s'emparent des Français envoyés en avant à Tong-tcheou. — Combat de Chang-kia-hou. — Défaite des Tartares (18 septembre). — Rapport du général Montauban. — Bataille de Pali-kia-o (21 septembre). — L'armée tartare entièrement dispersée ne reparaît plus.

Après la journée du 21 août, et la prise de tous les forts qui défendaient l'entrée du Peï-ho, les ambassadeurs de France et d'Angleterre se transportèrent immédiatement à Tien-tsin, où, après une courte négociation avec le commissaire impérial Koueï-liang, un projet de convention fut arrêté dans le but de rétablir la paix entre les gouvernements français et anglais et le gouvernement chinois. Ce dernier, cédant sur tous les points aux demandes des puissances alliées, se déclara prêt à accepter l'ultimatum que la France et l'Angleterre lui avaient présenté au mois de mars dernier; et déjà M. le baron Gros et lord Elgin se disposaient à se rendre à Pékin avec une escorte convenable pour y échanger les ratifications du traité du 27 juin 1858, et y procéder à la remise, entre les mains de l'empereur, de leurs lettres de créance, lorsque le commissaire chinois, alléguant tout à coup le manque de pleins-pouvoirs, se refusa à signer les préliminaires déjà acceptés par lui, et déclara aux ambassadeurs qu'il ne pouvait traiter qu'*ad referendum*.

Un pareil procédé accusait chez le négociateur chinois un défaut de bonne foi qui devait nécessairement blesser les plénipotentiaires de la France et de la Grande-Bretagne. Il fut immédiatement résolu, d'un commun accord, entre le baron Gros et lord Elgin, qu'on y répondrait en faisant avancer les forces alliées jusqu'à Tong-tchou, grande ville de 400,000 âmes, située sur la route de Pékin et à quatre lieues de cette capitale. Là seulement on se déclarerait disposé à écouter les propositions des commissaires impériaux, munis cette fois de pleins-pouvoirs réels.

A la suite de cette résolution, prise le 8 septembre, l'escorte qui devait accompagner les ambassadeurs à Pékin, dut se transformer en un corps de troupes suffisant pour convaincre le gouvernement chinois de la ferme volonté des puissances alliées d'atteindre le but qu'elles s'étaient proposé. Toutefois, nulle indication précise d'une rupture; au lieu de faire marcher en avant toutes les forces disponibles, on ne prit que les deux premières brigades française et anglaise, laissant au camp, formé devant Tien-tsin, les brigades Collineau et Napier. On partait pour une route de vingt-cinq à vingt-six lieues, divisée en petites étapes; une véritable promenade militaire sur l'effet moral de laquelle on se reposait beaucoup. Nos soldats, quoiqu'ils ne fussent qu'une poignée d'hommes au milieu de ces masses innombrables de populations ennemies, s'avançaient gaiement et avec la plus grande confiance. Pour en donner une idée à nos lecteurs, nous allons reproduire l'extrait d'une lettre écrite par un sous-officier qui faisait partie de cette expédition, et dans laquelle on remarquera des observations assez intéressantes sur le pays et sur ses habitants.

« Le 30 août, nous avons quitté le camp de Sin-kho pour marcher sur Tien-tsin, ne laissant en arrière, et provisoirement, qu'un petit nombre de malades et blessés qui devaient être embarqués sur les canonnières. La route que nous suivions, bien préférable à la chaussée de Pétang, contournant les sinuosités du Peï-ho, nous permit de nous rendre compte du pays que nous traversions. Le premier jour notre marche était un peu ralentie, en raison du terrain d'alluvion que traversait une chaussée, terrain reconnaissable d'ailleurs à des crevasses serrées à la couche supérieure et aux cristallisations du sel marin abandonné par les eaux. Le lendemain, au contraire, nous nous trouvâmes transportés comme par enchantement dans une campagne fertile, admirablement cultivée et semée de beaux jardins potagers séparés par des plantations de maïs. Les Chinois, rangés sur notre route, nous regardaient passer avec un sentiment de surprise.

» Le 31 nous dressâmes nos tentes sur la rive gauche du Peï-ho, entre un village et la ville de Tien-tsin, qui servait de résidence au quartier général et aux principaux services de l'armée. Notre camp fut adossé à un fort à deux enceintes, des mieux construits, et où, dans leur précipitation, *les braves* avaient enterré un certain nombre de canons d'un calibre incroyable et inconnu à nos artilleurs. De leur côté les Anglais, marchant sur l'autre rive du fleuve, campèrent en face de nous, près d'une position analogue à la nôtre, et les canonnières servirent de communication entre les deux armées.

» Après un repos de huit grands jours, la première brigade reçoit l'ordre de s'échelonner sur la route de Pékin ; elle part aujourd'hui même.

» Nous voilà en marche sur Tong-tcheou, et, si les ambassadeurs ne trouvent pas dans cette ville les satisfactions qu'ils désirent, nous irons à Pékin même déjouer les ruses et perfidies du *Fils du Ciel*.

» Il paraît que le gouvernement chinois, dans ses proclamations affichées dans les villes et les villages, a eu l'audace incroyable d'annoncer que l'armée des barbares d'Occident est venue se briser contre les murs d'airain des camps retranchés, et qu'elle vient implorer la clémence de son auguste souverain ! Nos soldats pouffent de rire et s'apprêtent avec ardeur à donner par leur présence un solennel démenti aux habitants de l'immense ville de l'Empire du milieu.

» Le ravitaillement de l'armée s'opère avec beaucoup de facilité, grâce à la capture du magasin central chinois et du mandarin directeur.

» J'ai vu plus de deux cents voitures au fort, chargées de riz, sel, thé, fourrages, etc. Comme à Tché-fou, les habitants sont bientôt venus en foule vendre à notre camp volaille, légumes, fruits, étoffes, et même de la glace; et tout cela à très-bon compte. Aussi une *popote* de six à huit convives suffit amplement aux dépenses de chaque jour, au moyen d'une demi-piastre, en dehors, bien entendu, de la ration ordinaire. Nous mangeons à force de l'igname, de la pastèque rouge qui a le goût de sorbet à la groseille, et d'excellents massepains à rendre jaloux les pâtissiers anglais de leurs confrères chinois. Il n'y a absolument que les nids d'hirondelles que je n'ai pu découvrir.

» La sollicitude de notre gouvernement l'a porté à baser notre ration sur celle de la marine, plus forte d'un tiers que la nôtre. Mais une amélioration bien importante, et que je dois signaler, c'est l'arrivée du tabac des manufactures impériales de France, qui vient remplacer cet affreux tabac américain, en tablettes, dont nous étions forcés de nous contenter.

» Dans ces derniers jours, où nous avons pu enfin connaître et apprécier le caractère des habitants du Céleste-Empire, la chose qui m'a le plus frappé, c'est l'abondance des petits enfants et surtout des petits garçons; nous en trouvions à chaque pas sur la route, souvent par agglomérations vraiment incroyables, déguenillés, sales et presque nus, mais, à vrai dire, la tête soigneusement rasée, et la queue toujours bien nattée et huilée. Il est vrai que les perruquiers sont partout en très-grand nombre, même dans le plus petit village.

» Quant aux petites filles, c'est différent; nous n'en avons rencontré que fort peu, car ces pauvres créatures sont dès leur plus tendre enfance vouées à l'abandon et à l'infanticide. Hier encore le caporal de ronde a trouvé, à la feuillée, une de ces enfants, née à peine depuis quelques heures, abandonnée sur un tas d'ordures et rendant le dernier soupir. »

Dès la seconde étape, des mandarins accoururent à la rencontre de la colonne pour engager les ambassadeurs et les généraux à retourner à Tien-tsin, essayant de les effrayer sur les suites de leur démarche qui nous aliénerait les sympathies des populations de la contrée; ajoutant que l'armée campée devant Pékin était dans un état d'exaltation telle que ses chefs ne répondaient plus de la contenir si nos troupes faisaient un pas de plus en avant ; que si nous retournions à Tien-tsin, deux nouveaux plénipotentiaires, Tsaï, prince Ki, membre de la famille impériale, et Muh, ministre de la guerre, s'y rendraient aussitôt, avec mission directe de traiter. Pour toute réponse à ces menaces et à ces promesses, on donna ordre de continuer la marche.

A l'étape suivante, nouvelles dépêches, mais cette fois très-humbles, dans lesquelles on consentait à tout, en nous suppliant de bien vouloir nous rendre à Tong-tcheou ; là, nous recevraient les envoyés de l'empereur, et tout y serait organisé pour le séjour de notre brave armée. Comme c'était l'itinéraire que les généraux en chef et les ambassadeurs avaient tracé, on n'eut aucune objection à faire à cette proposition, et l'on reprit avec plus de confiance la route de Tong-tcheou.

Cependant à mesure que nos soldats avançaient, ils étaient de moins en moins à même d'apprécier cette mauvaise humeur des populations, dont on avait voulu faire un prétexte pour les engager à retourner en arrière. Partout elles étaient en fuite. Dans plus de cinquante villages et bourgades échelonnés sur la route de nos colonnes à des distances de quelques centaines de mètres, dans les jardins et potagers qui entouraient les maisons, dans la campagne même, on ne rencontrait que chiens errants et rôdeurs de nuit, qui profitaient du passage des troupes pour mettre au pillage les rares habitations desquelles les propriétaires, dans leur précipitation, n'avaient pu tout emporter. La désertion était générale, et nulle part encore, depuis leur entrée en Chine, nos soldats n'avaient traversé de solitudes aussi tristement complètes. C'était un singulier présage pour des gens qui allaient pleins de confiance à un rendez-vous pacifique.

Cependant les nouvelles qu'on recueillait, à mesure qu'on avançait, semblaient indiquer, contrairement à ce fait de panique obstinée, une solution amicale. Le prince Tsaï, dans un nouveau message annonçant que le gouvernement chinois accédait à tout ce qu'on avait exigé de lui, demandait que dès lors les forces alliées s'arrêtassent à six milles en avant de Tong-tcheou, où les commissaires chinois attendaient le baron Gros et lord Elgin pour y signer avec eux la convention préparée à Tien-tsin, après quoi les deux ambassadeurs iraient à Pékin procéder, avec une escorte de mille hommes, à l'échange des ratifications.

Les généraux en chef, pleins de confiance alors dans une entente cordiale, laissèrent à Wo-si-hou, l'une des dernières étapes, une forte partie du corps d'expédition. Le 2ᵉ bataillon de chasseurs, deux compagnies d'élite des 101ᵉ et 102ᵉ et une batterie de 4, composèrent la colonne française. Les mêmes dispositions furent prises par les Anglais, sauf l'addition de quelques détachements de leur magnifique cavalerie. En tout, les deux colonnes réunies formaient un chiffre de 16 à 17,000 hommes : une simple escorte, rien de plus.

Le 17 septembre M. le baron Gros envoya à Tong-tcheou M. le comte de Bastard, secrétaire d'ambassade, à l'effet de convenir avec les commissaires chinois Tsaï et Muh, de tout ce qui touchait à la signature des conventions arrêtées à Tien-tsin. En même temps, le général de Montauban fit partir pour la même ville le sous-intendant Dubus, le colonel de Grandchamps, le capitaine Chanoine, et les officiers d'administration Ader et Gagen, avec l'abbé Duluc, missionnaire, qui devait leur servir d'interprète. Ces officiers avaient pour mission de rassembler les approvisionnements nécessaires aux besoins de l'armée pendant le séjour qu'elle allait faire à Tong-tcheou. M. d'Escayrac de Lauture, chargé par le gouvernement d'une mission scientifique en Chine, se joignit à ces messieurs. De leur côté, les Anglais envoyèrent M. Parkes, leur principal interprète, et un certain nombre d'officiers, qui se joignirent aux officiers français. Les Français avaient sept ou huit hommes d'escorte, et les Anglais quelques cavaliers sicks pour le même objet.

A leur entrée en ville, les Français furent reçus par un mandarin qui les attendait à la porte et qui les conduisit à un yamoun (ou palais) que les autorités chinoises avaient fait préparer pour eux. Ils traversèrent dans toute sa longueur Tong-tcheou au milieu d'une population qui semblait, en les voyant, ne pas éprouver d'autre sentiment que celui de la curiosité. M. Parkes, les officiers anglais et M. Bowlby, correspondant du *Times*, avaient été conduits d'un autre côté.

M. le comte de Bastard eut une entrevue assez longue avec le commissaire Tsaï, dans laquelle celui-ci se déclara prêt à tout signer, et promit de faire prendre toutes les dispositions nécessaires pour faciliter le voyage de l'ambassadeur jusqu'à Pékin, comme aussi pour l'établissement des marchés nécessaires à l'approvisionnement de l'armée, qui, le lendemain même, devait camper, comme il était convenu, à 5 lys (800 mètres) en avant de Chang-kia-wan.

Le lendemain 18, M. de Bastard, ayant terminé sa mission, partit de Tong-tcheou à la pointe du jour, avec un officier d'ordonnance du général de Montauban, et M. Chanoine, capitaine d'état-major; ils avaient deux spahis d'escorte et étaient accompagnés d'un mandarin. Tous les autres Français que nous avons mentionnés étaient restés à Tong-tcheou.

A la sortie de la ville, le capitaine Chanoine prit les devants pour aller indiquer au général de Montauban la ligne de démarcation en avant de Chang-kia-wang, où, selon les conventions, l'armée alors en marche devait camper. M. Parkes était parti aussi en avant pour donner au général Grant les mêmes renseignements. Entre Chang-kia et Tong-tcheou, M. de Bastard rencontra M. Parkes rebroussant chemin et revenant à cette dernière ville. Il lui apprit que les Tartares occupaient en grand nombre le terrain destiné au campement du corps expéditionnaire anglo-français ; il avait fait prévenir le général Grant, et il allait à Tong-tcheou déclarer aux plénipotentiaires chinois qu'il les rendait responsables des événements qui pourraient avoir lieu. Il fut retenu prisonnier, ainsi que tous les autres Français et Anglais qui n'étaient pas revenus avec M. de Bastard.

Celui-ci continua sa route, et rencontra bientôt sur son chemin l'armée tartare, qui toutefois ne s'opposa point à son passage. Arrivé au quartier général, il confirma aux généraux Montauban et Grant les nouvelles qu'ils venaient de recevoir l'un par le capitaine Antoine, l'autre par un brigadier anglais envoyé par M. Parkes.

« Quelques instants après, dit le général de Montauban dans son rapport auquel nous allons emprunter la suite de ce récit, l'officier d'administration Gagen arrivait auprès de moi et m'annonçait que nous avions devant nous plus de 15,000 cavaliers et une grande quantité de fantassins dont la mèche des mousquets était allumée. De tous côtés on apercevait la poussière soulevée par les pieds des chevaux ; nous étions évidemment en présence d'une situation des plus sérieuses avec des forces minimes ; nous convînmes avec le général Grant qu'on attendrait le retour de M. Parkes avant de se mettre en marche pour se frayer un passage. Je pris immédiatement des dispositions militaires; je plaçai le petit corps que j'avais à ma disposition en potence, à la droite des forces anglaises ; les troupes étaient déployées, couvertes par des tirailleurs, séparées entre elles par la batterie de 4 faisant face au village boisé de Ya-tsou, occupé par l'extrême gauche de l'armée tartare. Nos chasseurs et spahis étaient à quelques pas de l'ennemi. Le général sir Hope Grant avait mis à ma disposition un escadron de cavaliers sicks.

» J'attendais les événements dans cette situation. Vers dix heures, ayant entendu trois coups de canon vers le centre de la colonne anglaise, je commençai à exécuter le mouvement dont j'étais convenu avec le général Grant : il consistait à m'emparer de ce premier village, en le tournant par ma droite en même temps qu'il serait attaqué de front, et à ramener, une fois ce village dépassé, toute l'armée tartare vers le centre de la ligne anglaise.

» Ce mouvement s'exécuta sans la moindre hésitation ; le village fut enlevé et tourné avec une vigueur remarquable ; chacun comprenait qu'il n'y avait pas un pas à faire en arrière en présence de forces si nombreuses. Pendant que je dirigeais, avec le général Jamin, le mouvement tournant, mon chef d'état-major, le colonel Schimtz, traversait le village par la gauche et plaçait l'artillerie sur une position dominante, d'où le colonel de Bentzmann, appuyé par les chasseurs à pied, ouvrit immédiatement un feu des plus vifs contre les masses ennemies que je continuais à tourner par la droite et dont une partie occupait un second village boisé comme le premier (Le-ossou). Je lançai, à ce moment, l'escadron de sicks et le détachement de chasseurs et de spahis ; j'avais donné le commandement de cette cavalerie au colonel Foley, commissaire anglais. Ces cavaliers furent accueillis au détour de ce second village par un feu très-violent. Le lieutenant de Damas tomba frappé mortellement d'une balle, le sous-lieutenant d'Etresmont fut blessé au même instant ; mais les sicks et notre cavalerie n'en continuèrent pas moins leur charge et jonchèrent le terrain de cadavres.

» Le détachement de cavalerie française s'empara dans ce mouvement de 5 pièces d'artillerie. La compagnie du 101°, celle du 102° et celle du génie, conduites sur la trace de la cavalerie, enlevaient le village ; le colonel Pouget les entraînait avec une vigueur que je suis heureux de vous signaler. 18 drapeaux, 2 pièces de canon, une grande quantité de gingoles restèrent au pouvoir de cette troupe. L'artillerie suivait le mouvement au centre, toujours appuyée à gauche par les chasseurs à pied. Ce deuxième village fut franchi, et à partir de ce moment, je dirigeai mes troupes de manière à refouler l'ennemi sous le canon des Anglais. Les masses que nous poussions devant nous étaient énormes. L'artillerie, les chasseurs et les autres troupes d'infanterie rivalisaient d'ardeur et les écrasaient de leurs feux. Je suivis, pendant plus de trois kilomètres, une digue sur le bord d'un canal, sur laquelle nous pûmes compter environ 60 pièces de bronze mises en position derrière la digue et que notre artillerie enfilait successivement ; enfin je rejoignis de cette manière le centre des forces anglaises, et les Tartares disparurent de la plaine. L'infanterie était en route depuis cinq heures du matin, avec six jours de vivres dans le sac, sous un soleil ardent : il était près de deux heures ; je la fis arrêter, et je pris position à Ko-at-sun, à sept kilomètres de Tong-tcheou.

» Les pertes de l'ennemi ont été considérables ; les nôtres seraient de peu d'importance sans la mort du brave lieutenant de Damas. Le colonel Foley, commissaire anglais auprès de ma personne, a eu son cheval percé de trois balles. Il a été d'une bravoure éclatante dans la charge fournie par les sicks.

» Je ne veux pas terminer ce rapport sans vous dire, monsieur le maréchal, toute la glorieuse satisfaction que j'ai éprouvée à diriger cette poignée de braves contre ces hordes conduites au combat par des chefs perfides. Un immense succès pour nos armes a été la conséquence de la trahison et de la félonie du gouvernement chinois, qui nous avait attirés, avec des assurances de paix, auprès de sa capitale, avec des forces qu'il croyait insignifiantes.

» Nous avons pris 80 pièces de canon, dont une partie en fonte et une partie en bronze ; nous avons aussi enlevé quantité de bannières des différents corps des troupes impériales... »

Ce guet-apens avait été calculé avec une perfidie et une ruse dignes de la lâcheté et de la mauvaise foi de ce peuple ou plutôt de ses chefs. Ceux-ci avaient tout fait pour gagner la confiance des Européens, et pour les attirer, en petit nombre, à la porte d'une ville de 400,000 âmes, espérant prendre dans un même coup de filet les ambassadeurs et les généraux, en enveloppant leur faible escorte d'un corps des meilleures troupes tartares, dix fois au moins plus nombreux. C'était, pensaient-ils sans doute, un moyen infaillible de terminer la guerre d'un seul coup, et d'anéantir facilement le reste des barbares, désormais sans chefs et isolés au milieu des populations soulevées contre eux. Mais voilà qu'en moins de trois heures ce beau projet était déjoué ; et l'armée tartare, en pleine déroute, débandée, culbutée, hachée, fuyait à travers la campagne, nous laissant maîtres du terrain occupé par elle, ainsi que de toutes ses bannières et d'un matériel considérable de campement, d'armes et de munitions.

Après l'éclatante victoire de Chang-kia, les généraux alliés s'attendaient à recevoir des explications sur les causes qui avaient pu amener la lutte du 18. Aucune communication n'eut lieu cependant, et des renseignements recueillis pendant les journées du 19 et du 20 apprirent que l'armée tartare occupait des camps retranchés, préparés de longue main et situés à cheval sur la grande route de Pékin, à deux lieues seulement en avant du camp des alliés. Ces dispositions nouvelles révélaient une direction énergique et habile. Elle était due au prince San-koli-tsin, qui avait défendu, l'année précédente, les forts du Peï-ho, et qui, sous le titre de *sen-wang*, commandait les forces de l'empire.

Dans la journée du 20, les généraux en chef résolurent d'attaquer l'ennemi le lendemain et de le chasser de ses positions. Le 21 donc, à huit heures du matin, les deux colonnes alliées, augmentées de quelques compagnies laissées en arrière le 17, d'une batterie de 12 et d'une batterie Amstrong, arrivées en toute hâte, ouvraient résolument le feu contre une armée forte, cette fois, de 40,000 hommes, et, comme le 18, déployée en éventail, de façon à nous envelopper. Ces braves Tartares, quoiqu'ils aient tenu avec une certaine opiniâtreté et que quelques-uns d'entre eux se soient distingués par des actes d'un bel héroïsme, furent bien obligés de tourner bride. La déroute de l'ennemi, il est vrai, exigea un peu plus de temps, un peu plus de projectiles que dans l'affaire précédente ; les masses énormes de cavalerie se rapprochèrent tellement de nous, que l'escorte du général en chef fut obligée de mettre le sabre à la main, et que le général Collineau, engagé au centre, fit par deux fois former le carré à sa petite troupe ; mais écoutons le général en chef rendre compte de quelques-uns de ces brillants faits d'armes.

Après avoir fait connaître les dispositions stratégiques qu'il avait prises, et raconté le commencement de l'attaque et les charges en masse exécutées sous les ordres du *sen-wang*, il ajoute : « Comme le 18, nos troupes étaient sorties victorieuses de ce cercle de cavaliers. Ces charges repoussées, la position de ma gauche, où l'armée anglaise venait de se déployer, ne me laissait plus d'inquiétude. Je pouvais rapprocher de moi le petit corps du général Collineau, et je lui ordonnai, par un mouvement de conversion à droite, de tourner le village de Pali-ki-ao, en gagnant le bord du canal impérial, tandis que le général Jamin attaquerait de front en marchant droit au pont ; le village, abordé avec la plus grande vigueur, fut défendu pied à pied par l'infanterie chinoise. On ne peut réellement expliquer que par l'infériorité de son armement les pertes peu considérables qu'un ennemi aussi nombreux et aussi tenace nous a fait subir. Mais la prise du village ne devait pas terminer la lutte. Pendant que le général Collineau, arrivé sur le bord du canal, apercevait le pont de Pali-ki-ao et le prenait d'écharpe avec son artillerie, j'ordonnai au colonel Bentzmann de faire avancer les fuséens et la batterie de 12, pour battre le pont d'enfilade et pour tirer sur les pièces qui le défendaient. Notre infanterie, marchant de maison en maison, était parvenue à s'emparer de celles qui étaient sur les bords du canal, et couvrait de son feu tous les abords.

» En ce moment, le pont de Pali-ki-ao offrit un spectacle qui certainement est un des épisodes les plus remarquables de la journée.

» Tous les cavaliers, si ardents le matin, avaient disparu. Sur la chaussée du pont, monument grandiose d'une civilisation vieillie, des fantassins richement vêtus agitaient des étendards et répondaient à découvert par un feu heureusement impuissant à celui de nos pièces et à notre mousqueterie. C'était l'élite de l'armée qui se dévouait pour couvrir une retraite précipitée.

» Au bout d'une demi-heure, le feu concentré de nos batteries fit taire le canon de l'ennemi. Le général Collineau, joignant à son avant-garde la compagnie du 101° du capitaine de Moncets, passa le pont. Il s'engagea sur la droite de la route de Pékin, dans la direction prise par la masse des fuyards, et je le suivis avec le reste de mes troupes. Il était midi, et depuis sept heures du matin nous n'avions pas cessé de combattre. J'ordonnai de faire halte, et, après deux heures de repos, mes troupes étaient établies dans les camps et sous les tentes des soldats du *sen-wang*, à 12 kilomètres (trois lieues) de Pékin. »

Le général ajoute en terminant son rapport : « L'ennemi nous entourait à perte de vue ; les rapports des prisonniers et des espions, pour ne pas parler des plus exagérés, varient, dans l'évaluation des forces chinoises, de 40 à 60,000 hommes.

» Tout cela est si étrange que, pour se rendre compte de nos succès, il faut remonter bien haut dans le passé, et se rappeler les victoires constantes de quelques poignées de soldats romains sur les hordes barbares... »

CHAPITRE VII

L'armée s'empare de Yuen-ming-yuen, résidence d'été de l'empereur de la Chine. — Description de cette résidence. — Découverte des dépouilles de quelques-uns de nos prisonniers massacrés par les Chinois. — Irritation de l'armée. — Horribles traitements infligés à nos prisonniers. — Résumé du rapport de M. d'Escayrac à ce sujet. — Menaces des plénipotentiaires alliés. — Effets qu'elles produisent. — Ultimatum signifié le 15 octobre par M. le baron Gros. — Ceux des prisonniers encore vivants sont rendus. — On renvoie les cadavres des autres dans des cercueils. — Le gouvernement chinois consent à toutes les conditions qui lui sont imposées. — Signature de la paix. — Service en l'honneur des morts. — Réouverture de l'église catholique de Pékin. — *Te Deum* d'actions de grâces.

Le bruit du canon et même de la fusillade de la bataille de Pali-ki-ao retentit jusqu'à Pékin et dans le palais de l'empereur, et vint y jeter la consternation. L'empereur épouvanté s'enfuit avec sa cour, et se réfugia en Tartarie, à Moulkden, qu'on désigne comme seconde capitale de l'empire, laissant à son frère aîné, le prince Kong, le soin de traiter avec les barbares.

» Le lendemain de la victoire si glorieusement gagnée par les forces alliées, le prince Kong écrivit aux ambassadeurs pour leur annoncer que Tsaï et Muh étaient destitués, et que lui, prince de la famille impériale, était nommé commissaire impérial pour conclure la paix. En même temps il désavouait San-ko-li-tzin et le rendait seul responsable de l'affaire du 18, disant que ce prince, tributaire de l'empereur, mais disposant d'une autorité absolue sur les troupes tartares qu'il commandait en chef, avait voulu, en dépit des instantes prières du pouvoir duquel il relève, prendre près de Pékin une revanche de sa défaite dans les forts du Peï-ho. »

Les plénipotentiaires acceptèrent, comme on le pense bien, ces excuses pour ce qu'elles valaient, et répondirent qu'avant toute nouvelle conférence, ils exigeaient la restitution des malheureux prisonniers victimes de l'insigne mauvaise foi des commissaires Taï et Muh, faisant de cette restitution une question de vie ou de mort pour les Chinois.

Malheureusement, un grand nombre de ces prisonniers avaient déjà succombé aux mauvais traitements qu'ils avaient eus à endurer, et les Chinois espéraient peut-être faire de la restitution des autres un moyen de traiter à de meilleures conditions; ou bien, ils cherchaient peut-être à gagner du temps, selon leur habitude; mais ce cas avait été prévu, et si dès le 22, les armées alliées n'allèrent pas prendre position sous les murs de Pékin et profiter de leur succès de la veille en imposant par leur présence à un ennemi timoré qui ne croit au danger que lorsqu'on le lui fait toucher du doigt, c'est qu'il y avait impossibilité réelle.

Les munitions étaient épuisées, et on manquait surtout de projectiles creux. Il en coûta dix grandes journées à attendre de Tien-tsin l'arrivée par des jonques et à dos de mulet, d'un matériel assez considérable et qui permît de donner suite aux opérations.

Enfin, le 5 octobre, l'armée quitta Pali-ki-ao pour se

porter sur Pékin, en laissant à son dernier campement trois compagnies dans une bonne position de défense, avec l'ambulance et une partie de l'administration, afin d'assurer les communications avec le Peï-ho. « Après avoir traversé vingt-quatre kilomètres d'une plaine aride et désolée, dit la relation d'un témoin oculaire, nous arrivions devant Pékin. Pékin! mot magique qui renferme tout un monde de mystères que nous ne devions point pénétrer cette fois encore, car plus on s'approche de la ville, plus elle disparaît dans son épaisse ceinture grise de dix mètres de haut. Le même silence et la même solitude du dehors semblaient régner au dedans.

» Au sommet des murailles aucune manifestation de défense; trois ou quatre mauvais fusils de remparts oubliés aux créneaux; quelques soldats à casaque jaune qu'on dit appartenir à la garde impériale, nous regardant curieusement les bras croisés et à cheval sur les merlons; mais pas un bruit, pas un murmure, pas une fumée. Ces traces infaillibles qui révèlent au loin la présence du plus petit hameau, nous ne les trouvions même pas, arrivés au seuil d'une ville dont la population, selon les uns, s'élève à deux millions, et selon d'autres, à quatre millions d'âmes! »

La prudence commandait avant tout de chercher l'armée tartare. Des Chinois interrogés dirent qu'il existait vers la direction ouest de la ville, qui a un mur de sept mille mètres de ce côté, un grand camp tartare de dix mille hommes.

« Nous nous mîmes en marche immédiatement sur ce camp dont nous apercevions le parapet en terre, dit le général de Montauban dans son rapport; nous marchions à la même hauteur avec le général anglais; il devait attaquer la droite, et moi la gauche. La colonne Collineau devait tourner la gauche du camp, les Anglais tourner la droite, et le général Jamin attaquer le front; le camp avait été évacué dans la nuit.

» Le général Grant me fit alors prévenir que ses espions l'informaient que l'armée tartare s'était retirée à Yuen-ming-yuen, magnifique résidence impériale, à un mille et demi du point où nous étions, et il me proposait de marcher contre elle : l'heure était peu avancée, les troupes n'étaient pas fatiguées, elles étaient pleines d'ardeur; un mille et demi dans ces conditions devait être promptement franchi.

» Après une marche assez longue et difficile, nous arrivâmes à sept heures au village de Yuen-ming-yuen; nous suivions une route en dalles de granit, et nous traversâmes un pont magnifique qui conduit au château impérial, situé à 200 mètres du pont, et dont l'entrée est en face. La route, entre le pont et le palais, est bordée à gauche d'arbres épais et d'une belle venue; à droite, une grande place, à laquelle s'appuie une rangée de belles maisons, habitations des principaux mandarins. »

Avant de s'installer au bivouac, le général de Montauban voulut faire fouiller l'entrée du palais, qu'on croyait occupé par une partie de l'armée tartare. Mais qui s'en serait douté? une vingtaine d'hommes armés d'arcs et de flèches, de piques et de fusils, gardaient cette entrée et firent à peine un simulacre de résistance. Comme la soirée était avancée, le général français fit occuper fortement la première cour, de peur de quelque surprise pendant la nuit, et les troupes se reposèrent tranquillement.

« C'est vraiment incroyable, s'écrie ici le témoin oculaire que nous avons déjà cité, mais c'est pourtant ainsi, et il faut être en Chine pour ne pas s'en étonner. Nulle part ailleurs, assurément, on ne verrait le chef d'un empire grand comme l'Europe et commandant à trois cent millions de sujets, s'enfuir devant six à sept mille soldats, faire si bon marché du centre de son gouvernement, de son trône et du prestige qui s'y rattache ; abandonner tout derrière lui ; sa capitale, ses palais, ses trésors, tout jusqu'au lieu de son séjour favori, la plus vaste et la plus somptueuse de ses résidences, le Versailles ou le Saint-Cloud chinois, et le laisser à la garde de quelques hommes armés de flèches et de lances [1]. »

« Le lendemain, de grand matin, dit M. de Montauban, je me rendis au palais, accompagné des généraux Jamin et Collineau, de mon chef d'état-major, et du brigadier anglais Fattle, avec lequel était le major Sley des dragons de la Reine, et le colonel Fowley ; une compagnie d'infanterie nous précédait pour assurer notre marche, mais les palais étaient complètement évacués par les Tartares.

» Je tenais à ce que les alliés fussent représentés dans cette première visite au palais, que je soupçonnais devoir renfermer de grandes richesses. Après avoir visité des appartements dont la splendeur est indescriptible, je fis placer partout des sentinelles, et je désignai deux officiers d'artillerie pour veiller à ce que personne ne pût pénétrer dans le palais, et pour que tout fût conservé intact jusqu'à l'arrivée du général Grant, que le brigadier Fattle fit prévenir de suite.

» Les chefs anglais arrivés, nous nous concertâmes sur ce qu'il convenait de faire de tant de richesses, et nous désignâmes

---

[1] A. Fauchery, *Lettres de Chine* adressées au *Moniteur*.

pour chaque nation trois commissaires, chargés de faire mettre à part les objets les plus précieux comme curiosités, afin qu'un partage égal en fût fait; il eût été impossible de songer à emporter la totalité de ce qui existait, nos moyens de transport étant très-bornés.

» Un peu plus tard, de nouvelles fouilles amenèrent la découverte d'une somme d'environ 800,000 francs en petits lingots d'or et d'argent; la même commission procéda de même au partage égal entre les armées, ce qui constitua une part de prise d'environ 80 francs pour chacun de nos soldats; la répartition en a été faite par une commission composée de tous les chefs de service, présidée par M. le général Jamin... »

— Les généraux en chef procédèrent ensuite au partage de divers objets précieux qu'ils se proposaient d'offrir à leurs souverains respectifs.

« Il me serait impossible, continue le maréchal, de vous dire la magnificence des constructions nombreuses qui se succèdent sur une étendue de quatre lieues, et que l'on appelle le palais d'été de l'empereur; succession de pagodes renfermant toutes des dieux d'or, d'argent ou de bronze d'une dimension gigantesque. Ainsi, un seul dieu en bronze, un Bouddha, a une hauteur d'environ 70 pieds (23 mètres 33 centim.), et tout le reste à l'avenant; jardins, lacs, objets curieux entassés depuis des siècles dans des bâtiments en marbre blanc, couverts de tuiles éblouissantes, vernies et de toutes couleurs; ajoutez à cela des points de vue d'une campagne admirable, et vous n'aurez qu'une faible idée de ce que nous avons vu.

» Dans chacune des pagodes, il existe, non pas des objets, mais des magasins d'objets de toute espèce. Pour ne vous parler que d'un seul fait, il existe tant de soieries du tissu le plus fin, que nous avons fait emballer avec des pièces de soie tous les objets destinés à Sa Majesté l'Empereur.

» Ce qui attriste au milieu de toutes ces splendeurs du passé, c'est l'incurie et l'abandon du gouvernement actuel et des deux ou trois gouvernements qui l'ont précédé; rien n'est entretenu, et les plus belles choses, à l'exception de celles qui garnissent le palais que l'empereur habite, sont dans un état déplorable de dégradation.

» Dans l'une des pagodes, celle des voitures, à une demi-lieue du palais habité, nous avons trouvé deux voitures anglaises magnifiques, présent de l'ambassade de lord Macartney; elles étaient, ainsi que leurs harnais dorés, dans la même place où elles avaient été mises il y a quarante-quatre ans, sans qu'un grain de la poussière qui les couvre ait été jamais enlevé.

» Il faudrait un volume pour dépeindre tout ce que j'ai vu; mon plus grand regret, c'est de n'avoir pas, dans l'expédition, un photographe pour reproduire aux yeux ce que la parole est impuissante à exprimer. »

A proprement parler, Yuen-ming-yuen ne désigne pas un palais, mais bien trente palais au moins, parfaitement distincts et dispersés sur une surface de dix kilomètres carrés. Les architectes et les dessinateurs, chargés de l'arrangement de ces lieux, ont tiré parti des mouvements naissants du terrain situé au pied du contrefort de la magnifique chaîne de montagnes qui borde d'un majestueux hémicycle le nord et l'ouest du Pé-tché-li, pour isoler chacun des bâtiments et des dépendances, en l'enfermant dans une enceinte de petites collines boisées de sapins et de hêtres. Abrités par ces hautes futaies, les toits apparaissent à peine, et d'aucun point il n'est permis de bien apprécier l'importance du domaine impérial. Ces habitations princières, perdues sous le sombre feuillage, ne peuvent donc être jugées dans leur ensemble; et au reste, elles n'y perdent guère : presque toutes sont des constructions carrées, en briques, dépourvues de toute ornementation sculpturale, et dont le plus grand nombre menacent ruine ; elles sont exhaussées du sol par une base de marbre granitique haute de deux mètres, et formant en saillie une galerie qui contourne l'édifice dans lequel elle a accès, sur la façade, par trois marches flanquées aux extrémités de lions en bronze, de phénix, ou, le plus souvent, de dragons à cinq griffes, ces emblèmes de la toute-puissance en Chine. Ces palais communiquent entre eux par des chemins étroits et tortueux qui reviennent bien des fois sur eux-mêmes avant que d'aboutir, ou bien encore par des ruisseaux aux contours sans fin, et dont les rives se relient par des ponts de marbre blanc jetés de distance en distance. Vers le centre, deux lacs d'environ trois kilomètres de circonférence reçoivent le trop plein des cours d'eau qui serpentent dans toutes les directions, se divisent à l'infini, et font du parc un véritable labyrinthe aquatique....

« Dans notre promenade rapide, dit M. Fauchery, à travers les méandres du parc de Yuen-ming-yuen, nous avons découvert des bâtiments grands comme les magasins des *Villes de France* ou de la *Ville de Paris*, de véritables entrepôts, les uns remplis rien que de rouleaux d'étoffes de soie de toutes couleurs, étagés le long des murs sur dix rangs de profondeur et empilés dans toute l'étendue des salles de manière à ne laisser à la circulation que des couloirs étroits! D'autres magasins, bondés dans les mêmes conditions, renfermaient des étoffes de cotonnade, les draps de provenance russe, les fourrures ; dans chacun, de quoi vêtir la Chine entière ! Dans d'autres corps de logis encore, venaient les sachets à odeur, les colliers, les montres, les pipes. Dans l'un d'eux nous avons trouvé plus de dix mille dieux d'un seul et même modèle, et dans un autre des pâtisseries et des confitures gâtées de quoi charger un navire ! Quelle débauche de superflu !

» L'extase n'est guère permise là où l'incurie et le mauvais goût président ; les taches indélébiles qui en résultent ternissent trop l'éclat des plus rares magnificences, et malheureusement vous ne pouvez faire un pas à travers ces splendeurs chinoises sans que le regard ne soit blessé par la façon grossière, maladroite, sans art, dont les objets d'un luxe inouï sont disposés.... Dans les salles, les réduits, les couloirs, vous ne vous heurtez qu'à des trésors de l'antiquaillerie la plus éblouissante : des entassements monstrueux faits de porcelaines des beaux temps de Nankin, de vases et de brûle-parfums de hauteur d'homme en argent et en or massif, de boîtes, de meubles et de cassettes de toutes formes et de toutes dimensions, en laque rouge de Pékin, si rare aujourd'hui et si recherchée des collectionneurs, de jades verts et blancs façonnés de mille manières, de dentelles, d'ivoires, d'agates et de corail, de festons de bois de sandal, de racines de fachaw-fou, de brosses de Canton, de perles de Ceylan et de Jolo grosses comme des noisettes et semées partout ! Et que de monceaux de petits riens encore de valeur inappréciable, de nomenclature impossible, échafaudés du sol au plafond dans les superpositions les plus incohérentes et les plus grotesques !.... toute cette masse d'objets, qui représente assurément bon nombre de millions en valeur spécifique, mais où la confusion et la profusion même déroutent le regard, l'éblouit quelquefois, mais ne le charme point. Bref, lorsque vous sortez de ce palais, cette huitième merveille tant chantée par les poëtes de l'entourage céleste, vous en emportez une violente migraine et le souvenir vague d'une Babel plantée la tête en bas!

» Quant au soldat, qui n'y regarde pas de si près, il était au comble de ses vœux. Jamais, de mémoire militaire, il n'avait passé par des phases aussi étincelantes, et les palais de Yuen-ming-yuen lui ont fait oublier toutes les fatigues et les privations de la route, pour ne plus lui laisser que le souvenir d'éblouissement d'or, d'argent et de soie, comme la lecture seule d'un conte des *Mille et une Nuits* pourrait en donner [1]. »

Au milieu de cet amas incohérent de richesses qui encombraient les palais impériaux, une découverte d'une nature bien différente vint causer une douloureuse surprise et exciter au plus haut point l'indignation et la colère des troupes alliées. Dans une chambre de l'une des maisons qui avoisinent l'habitation de l'empereur, on trouva les effets ayant appartenu à plusieurs de nos malheureux prisonniers tombés au pouvoir des Chinois par suite de la trahison du 18 septembre. Parmi ces effets, le général de Montauban reconnut ceux de M. le colonel Foullon de Granchamps de l'artillerie, un carnet et des effets de sellerie appartenant à M. Ader, comptable des hôpitaux. De leur côté, les Anglais reconnurent quinze selles complètes de sihks et divers autres objets ayant appartenu à des officiers et soldats anglais pris le même jour.

[1] Extrait des *Lettres de Chine* de M. A. Fauchery (datées de Pékin, 20 octobre 1860).

Ainsi, plus de doute! les malheureux prisonniers, ou du moins une partie d'entre eux, avaient été massacrés, et leurs dépouilles sanglantes avaient été apportées en hommage à l'empereur, qui les avait fait placer comme un trophée glorieux au milieu des trésors de ses palais.

A la vue de ces tristes restes, qui pourrait s'étonner de la fureur et du désir de vengeance qui s'emparèrent des soldats? On a accusé les Anglais de vandalisme pour avoir incendié et détruit le palais de Yuen-ming-yuen ; cette accusation s'explique, si elle ne se justifie pas, par les faits que nous venons de citer. Le général de Montauban protesta toutefois contre cette dévastation, et défendit à nos soldats d'y prendre part. D'ailleurs, les Chinois eux-mêmes avaient commencé l'œuvre de destruction, et dès le lendemain de l'occupation de Yuen-ming-yuen, ils s'étaient mis à piller, briser, renverser, bouleverser, sans réserve ni merci ; puis, quand ils n'eurent plus rien à briser, ils appelèrent le feu pour qu'il fît justice encore des débris. Les soldats anglais n'ont donc fait que les aider dans cette œuvre de dévastation.

Du reste, cette mesure rigoureuse, que les alliés n'avaient pas eue jusque-là à appliquer, était peut-être dictée par les exigences d'une lutte un peu prolongée avec un gouvernement duquel on n'obtient rien que par l'intimidation.

Lorsqu'après l'affaire du 21 septembre, nos ambassadeurs avaient refusé de rouvrir les négociations qu'on n'eût préalablement rendu les prisonniers faits le 18, les mandarins avaient essayé d'éluder cette demande, probablement dans l'espoir dont nous avons parlé plus haut. En voyant notre inaction depuis la journée du 21, cet espoir prenait sans doute quelque consistance ;

mais le mouvement du 5 octobre, l'occupation le 6 du palais d'été, et la manière un peu brutale dont fut traitée la demeure sacrée du *Fils du Ciel*, leur fit craindre pour la capitale elle-même, que les barbares ne respecteraient probablement pas davantage que la résidence impériale. En effet, dès le 9 au matin, le grand mandarin, premier ministre, commandant à Pékin en l'absence du gouvernement, renvoyait au camp de l'armée anglaise formé déjà devant la ville, quelques-uns des prisonniers victimes de l'odieuse trahison du 18 septembre. Cette restitution tardive et partielle était accompagnée d'un message dans lequel on déplorait longuement la dévastation de Yuen-ming-yuen, où l'on manifestait le plus vif désir d'arriver à une entente cordiale, et où l'on s'engageait à rendre tous les autres prisonniers dans le plus bref délai. Nous verrons tout à l'heure dans quelles conditions ces engagements furent remplis.

Les premiers prisonniers renvoyés étaient M. Parkes, premier interprète de l'armée anglaise; M. Lock, attaché à l'ambassade de lord Elgin; M. d'Escayrac de Lauture, chef de la mission scientifique française en Chine; quatre ordonnances appartenant à l'artillerie et au train, et quatre cavaliers sihks.

Les récits des traitements infligés aux prisonniers donnent mieux que toutes les appréciations imaginables la mesure des sentiments d'honneur, de morale et d'humanité qui guidaient les Chinois dans leurs rapports avec les Européens. Nous regrettons que l'espace ne nous permette pas de reproduire le rapport de M. d'Escayrac, qu'on trouve dans le *Moniteur* du 31 décembre 1860; nous allons en faire un résumé succinct, qui pourra donner à nos lecteurs une idée de ce que ces malheureux prisonniers ont eu à souffrir.

On se souvient que le 17 septembre M. d'Escayrac s'était joint à la commission chargée de préparer à Tong-tchcou le campement et le ravitaillement de l'armée. Arrivé dans la ville après midi, il avait été accueilli sur son passage à travers les rues par une foule serrée, compacte, immense, mais au sein de laquelle rien ne trahissait des intentions hostiles; de la curiosité seulement, et une curiosité respectueuse, bienveillante même. Séparé volontairement de ses compagnons de route, qu'il n'a plus revus depuis, il accepta de loger chez un habitant qui lui offrit l'hospitalité. M. d'Escayrac, qui parle et comprend le chinois, fut enchanté de la parfaite franchise et de la bonhomie cordiale de son hôte, qu'il appelait en lui-même « brave homme de Chinois. »

Le lendemain 18, dès le grand matin, M. d'Escayrac se promène dans la ville, toujours encombrée de la même foule, plus agitée que la veille, mais encore inoffensive et ne laissant même rien soupçonner. Après s'être un peu éloigné, la foule semble augmenter derrière lui et faire entendre un murmure menaçant. Il se retourne pour revenir sur ses pas; enfin, ces gens inoffensifs de tout à l'heure, se précipitent sur lui la menace et l'injure à la bouche, et son hôte de la veille, « son brave homme de Chinois, » est à la tête de cette horde furieuse, la dirige, la pousse, l'excite et lui donne l'exemple de la violence la plus farouche.

Les coups et les trépignements sont des moyens trop lents; on envoya chercher un boucher avec son couteau, ou un barbier avec son rasoir, pour lui couper le cou.

Sur ces entrefaites, survient un détachement de soldats tartares qui s'empare du prisonnier : c'est son droit; cette proie est la sienne, elle appartient au sabre et non au couteau ni au rasoir. La foule grogne, mais se soumet, et le dernier arrêt prononcé va être exécuté, lorsqu'un mandarin, précédé de son cortége de mendiants et de bourreaux, arrive à son tour, et M. d'Escayrac est enfin arrêté légalement, quoique brutalement, et conduit dans une pagode, où il fut enfermé seul.

Quelque temps après, un mandarin d'un ordre supérieur, à bouton rouge, suivi de plusieurs autres dignitaires de rang moins élevé, pénètre dans sa prison, et lui fait subir une espèce d'interrogatoire, mais avec toutes les formes de la plus exquise politesse. On lui demande d'où il vient, pourquoi il a été arrêté, quelles sont les fautes qu'il a commises. A quoi le prisonnier répond qu'il n'a commis aucune faute et qu'il demande à être remis entre les mains des autorités françaises. On semble approuver ses réclamations; elles sont justes et seront prises en considération, lui promet-on; mais tout en promettant, et avec le sourire aux lèvres, on se rapproche de lui davantage, on l'entoure en silence, on le presse, on le renverse, on le lie, et on le transporte dans une cour intérieure de la pagode.

Cette fois, la mort est imminente, inévitable; la mort des suppliciés, avec sa sinistre mise en scène et ses hideux préliminaires : les mandarins qui sourient groupés en tribunal suprême, un grand espace vide, et le bourreau dans un coin aiguisant son couperet. Le mandarin à bouton rouge donne l'ordre de faire un lit de paille au milieu de la cour, « afin, dit-il, que le sang du barbare ne souille pas le sol ! » Puis il se tourne vers le *condamné* et lui demande avec douceur s'il n'a pas une dernière prière à adresser *à ses juges*. Celui-ci alors demande qu'on veuille bien lui retirer sa cravate....

Mais pendant qu'on étend la paille, le bruit d'une grande rumeur venant du dehors retentit jusque dans la cour ; des gens effarés entrent et parlent à voix basse aux membres du tribunal, qui, seulement alors, cessent de sourire et sortent précipitamment en donnant l'ordre de réintégrer le prisonnier dans sa prison.

M. d'Escayrac, en recueillant ses souvenirs, n'a pu se rappeler à quelle heure à peu près il avait, pour la troisième fois depuis le matin, échappé à la mort. Mais il est probable que ce mouvement, ou plutôt cette panique des habitants de Tong-tcheou, fut déterminée par la déroute que l'armée tartare éprouvait en ce moment dans la plaine de Chang-ki-aho.

Il resta peu de temps enfermé dans la pagode qui lui servait de prison. Des cavaliers tartares vinrent pour le transférer sur un autre point. Ils se montrèrent encore plus cruels que ses premiers bourreaux. Indépendamment des menaces, des coups de pied, des coups de poing, des coups de bois de lance et des coups de plat de sabre, M. d'Escayrac fut attaché dans une position quasi indescriptible : le corps ramassé sur lui-même en forme de boule, les cuisses collées à la poitrine, les genoux dans les dents, et les bras passés entre les jambes de manière à réunir les mains et les pieds en un seul faisceau arrêté fortement par des cordes. On le jeta, ainsi lié comme un paquet, sur une charrette, dans le fond de laquelle on avait eu le soin de semer des petits clous à larges têtes, des clous dans le genre de nos broquettes de tapissiers, qui, en raison de leur forme, tombent la pointe en l'air. Trois soldats français, qui avaient accompagné leurs officiers comme ordonnances, étaient placés sur d'autres charrettes, et traités de la même manière. Ce triste convoi se mit en route, et l'on s'imagine quelle dut être la souffrance de malheureux placés dans des conditions aussi épouvantables, sans point d'appui, roulant, bondissant sur des pointes de fer selon les soubresauts des charrettes menées grand train, sur une route remplie d'ornières. Ce supplice dura douze heures. Mais ce n'est pas tout : d'heure en heure on s'arrêtait pour resserrer les liens au moyen de coins de bois passés entre la corde et les chairs; plusieurs fois aussi on les arrosa d'eau afin de déterminer en même temps le gonflement des poignets et le rétrécissement des cordes.

Durant ce long voyage, dans l'après-dîner du 18, des masses de cavalerie débandées passèrent au galop dans la campagne et près des charrettes. Les prisonniers comprirent qu'il y avait eu un engagement dans lequel les Tartares, comme toujours, venaient d'être battus, et ils se mirent à crier, du peu de forces qui leur restaient : « France, Angleterre, à nous! à nous! » Mais ces cris ne servirent qu'à attirer un redoublement de cruauté de la part de leurs bourreaux....

Le but de ce voyage de douze à quinze heures de supplice n'est pas connu. Les prisonniers furent conduits, la nuit, dans un endroit où ils se sont arrêtés quelques instants, et qui, d'après une description vague, pourrait bien être le palais de Yuenming-yuen, où l'empereur était encore. De là, au point du jour, ils entrèrent à Pékin, où ils furent exhibés, dans une promenade de cinq heures, à travers les rues, au milieu d'un concours immense de population, dont on avait grand'peine à contenir les accès de rage sanguinaire; puis ils furent tous écroués dans une des prisons de la ville, séparés les uns des autres, et enchaînés chacun dans une chambrée contenant des criminels du plus bas étage : des voleurs, des incendiaires et des assassins. M. d'Escayrac, durant sa captivité dans ce lieu infect, n'a rencontré de sympathie que chez les misérables, ses compagnons de chaîne; sans eux, il serait mort de faim et de misère, dit-il ; ayant perdu momentanément l'usage de ses mains, martyrisées par la torture des liens, il était incapable de satisfaire par lui-même à aucune des exigences de la vie. Ces gens l'ont assisté jusqu'au dernier moment, sans que leur dévouement se soit démenti une seule minute. L'intérêt cependant ne pouvait être en jeu : l'avenir n'offrait guère de chances d'une rémunération des services rendus. C'était donc le cœur, l'humanité qui parlait chez des gens coupables des plus grands crimes ; il y a là matière à de sérieuses réflexions.

Après quinze jours de ce régime odieux (c'est-à-dire au moment où l'armée alliée quittait son camp de Pali-ki-ao pour marcher en avant), M. d'Escayrac fut tiré de sa prison, et conduit dans un endroit plus sain, plus propre, où il vivait seul, confié à la garde de deux Chinois. On lui avait retiré ses chaînes, la chambre qu'il habitait était meublée avec un certain luxe, et sa table était convenablement servie. Dès le lendemain, il recevait la visite d'un mandarin, qui se montra extrêmement poli, et lui apporta quatre corbeilles de fruits magnifiques et de gâteaux excellents, en lui annonçant qu'il serait bientôt libre. Il l'invita à écrire au général français pour lui faire savoir qu'il était bien traité. M. d'Escayrac acquiesça à cette singulière demande.

Enfin, un matin, on lui annonça qu'il serait mis en liberté

dans la journée. Vers les deux heures de l'après-midi, le mandarin qui le visitait habituellement vint le chercher et le fit monter en voiture. Plusieurs autres voitures précédaient ou suivaient la sienne. La foule remplissait les rues, foule évidemment hostile, mais peut-être plus encore aux mandarins qu'aux prisonniers; les agents de police l'écartaient à grands coups de fouet. On les conduisit dans une pagode en dehors de la ville, où déjà se trouvaient M. Parkes et d'autres prisonniers anglais. Un mandarin d'un rang inférieur fut chargé de les remettre au général en chef de l'armée anglaise. « Quelques instants plus tard, dit M. d'Escayrac, quatre habits rouges et quatre baïonnettes anglaises se dressaient devant nous. A cette vue, je sentis mon cœur inondé de joie. Ces quatre baïonnettes que je voyais se refermer derrière nous, c'était la porte de ma maison, et derrière cette porte, ma famille, mon pays, mes amis, et cette armée française si chère à tous ceux qui ont partagé, ne fût-ce qu'un instant, ses rudes labeurs et ses nobles aspirations.

» La bienveillance et la sympathie touchante avec lesquelles moi et mes compagnons d'infortune fûmes accueillis par lord Elgin, le général Hope Grant et leur entourage, ne s'effaceront jamais de mon souvenir. Je fus traité là comme un frère. Le lendemain j'arrivais au camp français, et me retrouvais, grâce à Dieu, au milieu de tant d'amis inquiets de mon sort, joyeux de mon retour, et que j'avais plusieurs fois désespéré de revoir. »

Cet horrible épisode des prisonniers de Tong-tcheou a eu peut-être en définitive un résultat avantageux. Il a fait prendre aux plénipotentiaires et aux généraux alliés une attitude plus ferme, plus décidée, et tenir un langage plus menaçant qu'ils n'auraient cru devoir le faire sans cette malheureuse circonstance; et c'était précisément ce langage et cette attitude qui pouvaient seuls en imposer à un gouvernement aussi fourbe que lâche et pusillanime.

En quittant Yuen-ming-yuen, le général de Montauban vint camper à une lieue de Pékin. Les deux généraux firent établir des batteries de siége à soixante mètres des murailles, et en même temps ils adressaient au prince Kong une note concluant à l'occupation d'une des portes de la ville, qui leur serait livrée le 13 octobre avant midi, sinon ils bombarderaient la capitale. Avant l'heure fixée, cette porte fut remise par la population effrayée, et deux bataillons, l'un anglais, l'autre français, entrèrent dans l'intérieur aux cris de *Vive l'Empereur ! Vive la Reine d'Angleterre !* De chaque côté de la porte, le rempart, qui a une largeur de dix-sept mètres, était armé de pièces d'un très-fort calibre et d'un très-beau bronze; elles furent tournées contre la ville. En même temps le camp français fut rapproché, et la troupe fut en partie logée dans les casernes abandonnées par les Tartares.

Ces dispositions prises, le ministre plénipotentiaire français fit signifier, le 15 octobre, au prince Kong, un *ultimatum* contenant les nouvelles conditions suivantes : restitution immédiate du reste des prisonniers, ou des dépouilles mortelles de ceux qui auraient été massacrés ; indemnité de 200,000 taëls (1,700,000 francs) pour être répartie par le gouvernement français entre ses sujets victimes de l'attentat du 18 septembre et les familles de ceux dont on a si lâchement causé la mort ; la restitution des églises, cimetières et autres propriétés en dépendant, qui appartenaient autrefois aux chrétiens, et que le gouvernement chinois avait confisqués. L'ambassadeur accordait jusqu'au 20 avant midi pour l'accomplissement de ces conditions préliminaires ; passé ce terme, si ses propositions étaient refusées ou s'il ne recevait pas de réponse, les hostilités recommenceraient avec plus de vigueur que jamais ; jusque-là, la ville serait respectée, et nos soldats, quoique maîtres d'une des portes, ne pénétreraient pas dans l'intérieur, si ce n'est à quelques mètres en arrière de l'enceinte.

Ces menaces et ces mesures énergiques produisirent leur effet. Le reste des prisonniers nous fut rendu.... mais dans leurs cercueils.... on était arrivé trop tard.... Sur vingt-six prisonniers anglais, treize sont morts, treize sont rentrés. Sur treize prisonniers français, six nous furent rendus, les sept autres étaient morts à différentes époques. Il paraît certain, d'après des renseignements recueillis, que le colonel de Grandchamps, M. Dubut et M. Ader furent tués le 18, en se défendant contre ceux qui voulaient les arrêter. L'abbé Duluc et un officier anglais, desquels on n'a pu retrouver les cadavres, auraient eu la tête tranchée au camp tartare, le 21, à l'affaire de Pali-ki-ao ; M. Rowlby, correspondant du *Times*, et M. Norman, secrétaire de lord Elgin, deux jeunes gens, tous deux ayant en perspective un magnifique avenir, sont les seuls dont la perte ait été plus récente et sont ceux aussi qui paraissent avoir eu le plus à souffrir.

Le 17 octobre, eut lieu dans le cimetière russe, l'inhumation des Anglais victimes du guet-apens du 18 septembre. Les généraux français et leur état-major assistèrent à cette cérémonie. Le général français voulut attendre, pour l'inhumation de nos prisonniers, la restitution de l'ancien cimetière catholique, demandée dans l'*ultimatum* de M. le baron Gros.

Enfin, le 20 octobre au matin, le prince Kong fit déclarer à notre ambassadeur qu'il acceptait sans réserve toutes les conditions imposées par sa lettre du 15, et qu'il allait faire immédiatement verser chez le trésorier de l'armée les 200,000 taëls d'indemnité demandés pour les prisonniers. Il demandait en même temps que l'on s'entendît pour la fixation du jour où la paix serait définitivement signée.

Maintenant toutes les difficultés étaient aplanies, et il devenait facile de s'entendre. Le 24 octobre fut fixé pour la signature du traité de paix avec l'Angleterre, et le 25 pour la signature du traité avec la France. C'était bien peu de temps, pour les Chinois si formalistes, pour pouvoir établir les détails du cérémonial en cette circonstance. Mais cette fois, il ne s'agissait plus d'une simple escorte d'honneur, et les ambassadeurs voulurent être accompagnés d'une force imposante de leur nation. Ainsi, lord Elgin entra à Pékin en chaise, entouré de seize porteurs revêtus des plus riches costumes. Un escadron de dragons de la Reine, magnifique troupe dont la tenue est très-remarquable, et un détachement de sikhs formaient son escorte de cavalerie; celle d'infanterie était composée de deux régiments de cinq cents hommes chacun, et de sikhs à pied.

Le lendemain 25, jour fixé pour la signature de la convention française, l'ambassadeur de France se rendit chez le général de Montauban, et c'est du quartier français que le cortége partit pour se rendre au *yamoun* ou palais des affaires étrangères, situé très-loin dans la ville de Pékin. Voici les détails donnés par M. le baron Gros lui-même sur cette cérémonie :

« Je suis entré officiellement dans Pékin avec deux mille hommes de toutes armes formant cortége. Le drapeau du 101°, celui du 102° et celui de l'infanterie de marine précédaient mon palanquin, porté par huit coulies en livrée et avec des franges tricolores sur leurs bonnets.

» Le traité de Tien-tsin et les sceaux de l'ambassade étaient portés devant moi par quatre sous-officiers des différents corps; une section d'artillerie à cheval suivait mon palanquin, et était suivie elle-même par plusieurs bataillons d'infanterie. Dans l'intérieur de la ville, une haie de fantassins garnissait une partie du parcours.

» A l'entrée de la ville, quinze mandarins, en grande tenue et à cheval, sont venus me complimenter et me conduire auprès du prince, qui m'attendait au *Li-pou*, ou tribunal des rites. Nous avons mis près de deux heures pour arriver au *Li-pou*, et nous avons traversé les flots d'un peuple plus curieux que malveillant.

» Quand mon palanquin est entré dans la cour qui précédait la salle disposée pour la signature de la convention, et que j'ai vu ce jeune prince se lever avec toute sa suite et venir au-devant de moi, j'ai fait arrêter les porteurs, et je suis allé à pied rejoindre le prince avant qu'il eût franchi le seuil de la salle. Il m'a tendu la main, que j'ai prise en m'inclinant.... Je lui ai dit que je me trouvais heureux de venir signer avec lui une paix qui, je l'espérais bien, ne serait jamais troublée à l'avenir... Le prince m'a donné la main une seconde fois, et m'a indiqué le fauteuil préparé pour moi à sa gauche, place d'honneur en Chine. Le général de Montauban a été placé à ma gauche, et les officiers de son état-major et de l'armée ont occupé le côté gauche de la salle. MM. de Bastard et de Vernouillet, secrétaires, et les deux interprètes de la mission, étaient entre le prince et moi. Une foule de mandarins à globules de toutes couleurs remplissaient le côté droit de la salle ; tous, et le prince comme les autres, étaient en robe de cérémonie, avec leurs doubles chapelets d'ambre au cou....

» Chacun ayant pris sa place, j'ai prié Son Altesse Impériale de vouloir bien signer le premier les quatre textes chinois de la convention de Pékin, et j'ai signé le premier les quatre textes français. Quand les signatures ont été données et les sceaux appliqués sur les huit exemplaires, j'ai dit au prince que la paix étant heureusement rétablie entre les deux empires, une salve de vingt et un coups de canon allait être tirée par l'artillerie française, et je lui ai annoncé que j'allais demander immédiatement au commandant en chef de l'armée française de faire cesser toute hostilité qui n'aurait pas un caractère défensif ; ce que j'ai dit tout de suite à M. le général de Montauban. »

Dès le lendemain de la signature de la paix, le général de Montauban se mit en rapport avec Mgr Mouly, évêque du Pé-tché-li, prêtre très-vénéré dans ce pays, où il jouit particulièrement de la confiance du prince. On ne peut méconnaître que les missionnaires français ont jeté des racines profondes dans ce pays, où notre plus sérieuse influence est due au clergé catholique.

Le général en chef s'entendit avec l'évêque de Pékin pour l'inhumation de nos compatriotes dans le cimetière catholique, et pour chanter un *Te Deum* en actions de grâces de nos succès, dans sa cathédrale rendue au culte.

Le 28 octobre eut lieu la cérémonie funèbre, avec une pompe imposante. L'armée presque tout entière, l'ambassade en tête, y assistait. Les six corps étaient portés chacun sur un chariot d'artillerie ; un drap de velours noir, sur lequel se détachait une croix blanche, recouvrait chaque cercueil. Un nombreux clergé, présidé par Mgr Mouly, et composé de prêtres catholiques français, anglais et chinois, chantait les prières des morts ; tous les officiers de l'armée anglaise étaient mêlés aux officiers français, qui avaient rendu, quelques jours auparavant, les mêmes devoirs aux Anglais victimes de la même trahison. Le cimetière catholique de Pékin est magnifique ; il renferme les tombes en marbre des premiers évêques catholiques de Pékin, et notamment de Mgr Shaal, qui fut ministre de l'empereur Kang-hi, de Mgr Ricci, du R. P. Gerbillon, etc. La conservation de ces beaux monuments et du cimetière est due au profond respect des Chinois pour les morts et à la pieuse protection de la mission russe à Pékin.

La réouverture de la belle église catholique de Pékin a eu lieu le 29 octobre ; fermée pendant quarante ans, elle avait subi de graves avaries ; mais nos troupes du génie, nos soldats de toutes armes ont travaillé avec un tel zèle, l'évêque de Pékin, les prêtres français et chinois ont déployé une activité si prodigieuse, que, lorsque le cortége y est entré, on aurait pu se croire dans une cathédrale de France. L'illusion était plus complète encore en voyant ces belles cérémonies du culte catholique, en entendant ces chants sacrés ; et nos soldats, entonnant en chœur le *Te Deum* et le *Domine salvum fac*

Imperatorem, ne pouvaient se croire à six mille lieues de la patrie.

Depuis près d'un an que cette paix est signée, les conditions s'en sont exécutées avec régularité, et tout fait espérer qu'elle sera d'une longue durée. Une partie de nos troupes ont quitté la Chine, mais il en reste encore un certain nombre pour assurer le paiement des indemnités stipulées par le traité.

FIN DE LA CHINE.

HISTOIRE

DES

EXPÉDITIONS FRANÇAISES

EN

COCHINCHINE

depuis 1858 jusqu'à 1861

Trois puissances européennes exercent aujourd'hui leur influence en Asie. La Russie, maîtresse opiniâtre du Nord, fait chaque jour de nouveaux empiètements dans le Turkestan et sur les bords du fleuve Amour. Elle s'avance sans bruit, presque à la sourdine, et n'en fait pas moins des pas de géant vers le cœur même de la Chine. — L'Angleterre, toujours jalouse de conserver la suprématie maritime, s'empare des principaux ports de l'océan Indien, achète ce qu'elle ne peut conquérir, plante son drapeau à l'embouchure des cours d'eau, change les moindres îlots en forteresses, dresse des citadelles en vedettes à l'extrémité des promontoires, sème partout de petites colonies destinées à devenir ensuite le centre de vastes possessions, et, se constituant en quelque sorte satellite de l'Océan, elle garde l'entrée de toutes les mers.

La France, enfin, a eu aussi son glorieux rôle à remplir en Asie; mais lasse peut-être de n'avoir remporté jusqu'ici que de stériles couronnes, elle a planté son pavillon sur plusieurs points des côtes de l'Indo-Chine, et, cette fois, dans l'espoir bien fondé de l'y conserver. Jusqu'à présent on peut augurer u[n] bel avenir de notre colonie naissante sur le sol de la Cochinchine[;] la ville de Saïgon, par exemple, devenue française et dont l[es] environs ont été tout dernièrement témoins des beaux fai[ts] d'armes de nos soldats, la ville de Saïgon est dans une très heureuse situation pour notre commerce dans l'extrême Orient[;] avant peu, cet établissement français rivalisera peut-être av[ec] celui que les Anglais ont à Singapour, et deviendra le point [de] relâche obligé d'un grand nombre de bâtiments dirigés sur [la] Chine et le Japon.

Mais avant de parler des avantages que nous offre un établisse[-]ment dans la basse Cochinchine et d'entrer dans les détails [de] notre récente expédition contre l'empire d'Annam, il est indis[-]pensable de jeter un coup d'œil rapide sur la position géogra[-]phique de cet empire, son climat, ses productions, les peupl[es] qui l'habitent, et son histoire, qui nous fera connaître les ancienn[es] relations de la France avec ce pays, et les causes de la guer[re] que nous faisons en ce moment à son souverain.

LA COCHINCHINE

CHAPITRE PREMIER

Description géographique de l'Indo-Chine. — Sa division politique. — Empire d'Annam ou Cochinchine. — Etymologie de ces noms. — Division politique de cet empire. — Climat. — Productions. — Règne minéral. — Règne végétal. — Règne animal. — Population ; races.

En jetant les yeux sur la carte de l'Asie, on aperçoit au bas de cette carte, dans la partie la plus méridionale, deux terres qui s'avancent en pointe vers le sud, à gauche et à droite, ou, pour parler plus régulièrement, à l'ouest et à l'est du vaste golfe du Bengale. La première est l'Inde proprement dite, appelée aussi l'Hindoustan, ou l'Inde en deçà du Gange ; l'autre, connue d'abord sous la dénomination d'Inde au delà du Gange, ou de presqu'île orientale de l'Inde, ou Inde transgangétique, a reçu des géographes modernes le nom d'Indo-Chine, admis aujourd'hui et généralement préféré aux autres dénominations [1].

Toujours en suivant la carte, nous voyons que l'Indo-Chine a pour limites : au nord, le Boutan, le Thibet, qui font partie de l'empire de la Chine, et la Chine proprement dite ; à l'est, une petite portion de la Chine et la mer de Chine ; au sud, cette même mer et les détroits de Malacca et de Singapour ; à l'ouest, la majeure partie du détroit de Malacca, le golfe du Bengale, le Bengale lui-même, et partie du Boutan.

L'Indo-Chine présente la figure d'une double péninsule, s'étendant entre le golfe du Bengale et la mer de Chine, et formant le golfe de Siam et celui de Tonking. La plus orientale de ces péninsules se termine au cap Camboge, et ne dépasse guère le 10° degré de latitude nord, tandis que l'autre, à l'ouest, connue sous le nom de presqu'île de Malacca, s'allonge comme un bras immense jusque vers le milieu de la grande île de Sumatra, presque sous la ligne équinoxiale.

La masse continentale qui constitue l'Indo-Chine est peu connue. Elle paraît être sillonnée par cinq chaînes de montagnes que lui envoie l'immense noyau central du Thibet, et qui courent parallèlement au sud en s'inclinant vers l'est. Ces chaînes principales divisent le pays en quatre magnifiques vallées longitudinales, arrosées par quatre grands fleuves : l'Iraouaddy, qui

---

[1] C'est le savant géographe Malte-Brun qui a proposé ce nouveau nom, et voici les raisons qu'il en donne : « Comme ces pays ont été quelquefois soumis à l'empire de la Chine, et comme la plupart des peuples qui les habitent ressemblent beaucoup aux Chinois, soit par la physionomie, la taille et le teint ; soit par les mœurs, la religion et le langage, nous avons pensé qu'il était à propos de désigner cette grande région sous le nom nouveau, mais clair, expressif et sonore, d'Indo-Chine. »

se jette dans le golfe de Martaban, après avoir traversé une partie de la Chine et de l'empire birman ; le Mei-nam, dont le cours est de plus de cent vingt myriamètres, et qui se jette dans le golfe de Siam ; le Mê-kong ou May-kaoung, appelé aussi Camboge, qui traverse le pays de Camboge et se jette dans la mer de Chine; enfin, le Sang-koï, qui arrose le Tonking et se jette dans le golfe de ce nom.

Les divisions politiques des contrées indo-chinoises ont subi des changements perpétuels, conséquences des frontières mal définies et des conflits continuels des différents états rivaux pour obtenir la suprématie. Les divisions actuelles sont : 1° l'empire birnam ; 2° le royaume de Pégu ; 3° les possessions anglaises de l'Indo-Chine, qui se composent des royaumes d'Assam et d'Aracan, des provinces de Martaban, de Yé, de Tavay et de Tenasserim, cédées aux Anglais par les Birmans ; d'une partie de la presqu'île de Malacca et des îles Poulo-Pinang et Singapour; 4° le royaume de Siam ; 5° l'empire d'Annam, comprenant les royaumes de Tonking, de Laos, de Cochinchine et du Camboge.

C'est de cette dernière contrée, c'est-à-dire de l'empire annamite de Cochinchine, que nous allons nous occuper spécialement.

C'est à un de nos missionnaires, Mgr Taberd, évêque d'Isauropolis, vicaire apostolique de Cochinchine, Camboge et Ciampa, qu'on doit les renseignements les plus précis qui aient encore été publiés sur la géographie de l'empire cochinchinois [1].

Plusieurs géographes, Malte-Brun entre autres, avaient pensé

---

[1] Le Mémoire que ce savant missionnaire a publié à ce sujet est peu connu en France, mais il est justement apprécié des Anglais, qui l'ont inséré dans le Journal de la Société asiatique du Bengale, vol. VI et VII, année 1838.

que le nom de Cochinchine était d'origine japonaise (*Cotchi Djina*), et signifiait *contrée à l'ouest de la Chine ;* mais M. Taberd démontre que ce nom est d'origine européenne, et a é introduit par les Portugais, qui, trouvant quelque ressemblan entre la côte d'Annam et celle de Cochin, ont désigné le pays p le nom de *Cochin-China* : le fait est que les naturels, aussi bi que les Chinois, ne le connaissent que sous le nom d'*An-nan* qui signifie *Paix du sud*, et que l'on prononce quelquef Ai-nam ou En-nam.

La division la plus convenable de la Cochinchine propreme dite est celle qui lui assigne trois parties : celle du nord (haute Cochinchine, celle du centre, et celle du sud ou bas Cochinchine. La première se compose de trois provinces (préfectures ; elle se nomme aussi Hué, d'après le nom de capitale de l'empire, qui se trouve dans une de ces province

La Cochinchine du centre comprend six provinces ou pr fectures ; dans la première, qui se nomme Quang-nam ou Ph cham, est située la magnifique baie de Touranne ou Touror que les Cochinchinois appellent Hân. Nous aurons occasion pl tard de parler de ce point important, cédé autrefois à la Fran par des traités, et où fut dirigée d'abord l'expédition franc espagnole en 1858. — Plusieurs des provinces de la Cochi chine centrale sont formées de l'ancien et puissant royaur de Ciampa, passé depuis plus d'un siècle sous la dominati des Annamites.

La Cochinchine du sud, ou basse Cochinchine, compre la partie du royaume de Camboge conquise par les Cochi chinois ; elle ne forme qu'une seule province, connue des ind gènes et surtout des Européens sous le nom de Saï-gôn, désignée officiellement sous celui de Giâ-dinh. Vu son étendue, elle se divise en huit préfectures.

Le Tonking, qui depuis 1802 a été réuni à la Cochinchine, compte douze provinces, dont dix ne forment qu'une préfecture, et deux sont divisées chacune en deux préfectures, ce qui porte à treize le nombre des préfectures du Tonking.

L'empire annamite se trouve aujourd'hui divisé en vingt-deux provinces (*xiu'*) et trente-deux préfectures (*trân*).

La plus grande longueur de cet empire est évaluée à neuf cents milles géographiques ; sa largeur varie de soixante à quatre-vingts milles; sa surface atteint à peu près le chiffre de quatre-vingt-dix-huit mille milles carrés.

CLIMAT. L'empire annamite, quoique placé en entier sous la zône torride, entre le 9° et le 22° degré de latitude nord, éprouve dans son climat des variations qui correspondent à ses trois grandes divisions géographiques, et qu'on peut caractériser de la manière suivante :

1° Au Camboge, les saisons suivent les mêmes phases qu'au Malabar, au Bengale et à Siam. Les pluies commencent à la fin de mai ou dans les premiers jours de juin, et durent jusqu'en septembre. Cette saison est marquée par les orages, les tourmentes atmosphériques et l'abaissement de la température. L'autre moitié de l'année est douce et sereine, quoique la chaleur soit souvent considérable.

2° Le climat de la Cochinchine proprement dite est affecté par la position géographique, embrassant sept degrés de latitude (du 11° au 18°), par la constitution géologique du pays, qui est montagneux, baigné par la mer à l'est, et borné à l'ouest par une haute chaîne de montagnes, courant nord et sud, qui intercepte les nuages et intervertit en conséquence l'ordre des saisons. Ainsi la saison sèche prévaut en Cochinchine pendant les mois d'avril à septembre ; les pluies commencent avec les derniers jours d'octobre, et se prolongent jusqu'en mars. On voit que c'est le contraire de ce qui a lieu au Camboge.

3° Le Tonking, pays plat du côté de la mer et montagneux vers la frontière chinoise, a les mêmes saisons à peu près que le Camboge et les autres contrées de l'Asie postérieure exposées à l'influence de la mousson du sud-ouest, c'est-à-dire que les pluies y commencent en mai et finissent en août. La chaleur de l'été est quelquefois excessive, et le froid en décembre, janvier et février, est très-vif et rendu plus désagréable par d'épais brouillards, assez ordinaires en cette saison de l'année. Une circonstance remarquable, et due au concours de causes encore inconnues, c'est la fréquence des ouragans et des typhons sur les côtes et dans le golfe du Tonking. Ces grandes commotions atmosphériques s'observent à de plus rares intervalles et dans des proportions moins effrayantes sur les côtes de Cochinchine, et surtout au sud du 16° parallèle ; au Camboge elles sont entièrement inconnues.

Au total, le climat moyen de l'empire annamite est généralement bon et salutaire. Les Européens se louent plus particulièrement du climat des provinces d'Hué et de Saï-gôn. Le témoignage de deux de nos compatriotes dont nous aurons plus d'une fois occasion de parler, MM. Vannier et Chaigneau, qui ont résidé pendant plus de trente ans dans le pays et l'ont parcouru dans diverses directions, joint à celui de tous nos missionnaires, est décisif à cet égard. La constitution robuste et active des indigènes témoigne, en général, de l'influence salutaire des conditions atmosphériques dans lesquelles le pays est placé.

PRODUCTIONS. *Règne minéral.* Le Camboge, de formation alluviale, est pauvre en produits métalliques. La Cochinchine proprement dite est aussi dénuée de richesses métalliques que le Camboge. C'est du Tonking que la Cochinchine tire ce qui est nécessaire à sa consommation en fer, en or et en argent. Ce pays est effectivement très-riche en ces divers métaux, dont les mines sont exploitées par des Chinois.

Règne végétal. Les végétaux utiles des pays annamites sont à peu près les mêmes que ceux qu'on rencontre sous des latitudes semblables dans les autres parties de l'Indo-Chine. Le riz est la culture principale des terres basses, sujettes aux inondations. Dans le domaine du cours inférieur des grandes rivières du Camboge et du Tonking, la récolte du riz est aussi régulière qu'elle est abondante. Cette récolte se fait deux fois chaque année, et le riz ne vaut guère plus de cinq centimes la livre. Il n'en est pas de même dans la Cochinchine proprement dite, dont le sol, généralement pauvre et sablonneux, est naturellement moins favorable à cette culture ; aussi la Cochinchine tire-t-elle du Camboge et du Tonking une grande partie du grain nécessaire à sa consommation. Les autres plantes alimentaires qui sont cultivées en Cochinchine sur une grande échelle sont le maïs, la pistache de terre (*arachis hypogœa*) et l'igname (*convolvulus batata*). Le cocotier et l'aréquier sont aussi au nombre des grandes ressources du pays. Le Camboge et le Tonking sont particulièrement riches en aréquiers, et le produit de cette espèce de palmiers forme une branche importante de commerce. Les Chinois préfèrent l'arec du Camboge à tous les autres et en exportent annuellement des quantités considérables.

Les meilleurs fruits de la Cochinchine sont l'orange, dont on compte vingt variétés dans les environs de Saï-gôn, le litchi, l'ananas, la mangue, la sherifa, la gouyave, etc.

La canne à sucre est très-abondante dans le voisinage et au sud de la capitale (Hué); elle l'est moins dans le Camboge et encore moins dans le Tonking. La majeure partie du sucre qui en provient, sucre du reste très-mal préparé, est exporté au port de Faï-fo, près la baie de Touranne, pour la Chine.

La Cochinchine centrale produit du poivre de bonne qualité, mais en trop petite quantité pour qu'il puisse devenir un objet de commerce.

La vraie cannelle (*laurus myrrha* ou *laurus cinnamomum*) est un produit indigène de la Cochinchine centrale. On la trouve dans les districts situés au nord-ouest de Faï-fo, à l'état sauvage, mais surtout cultivée. Il s'en exporte annuellement en Chine de 250 à 300,000 livres anglaises. Elle est beaucoup plus estimée des Chinois que la cannelle de Ceylan. Quelques écorces de choix se vendent, hors de la Cochinchine et en Cochinchine même, à des prix exhorbitants.

Le mûrier blanc forme également une branche de culture considérable, surtout au Tonking et dans la Cochinchine centrale; la soie est fort inférieure à celle de Chine, par suite du défaut de soins dans l'élève des vers à soie et de l'imperfection des procédés de préparation des produits. Cette branche d'industrie serait susceptible d'un très-grand développement.

Le thé de la Cochinchine serait excellent si la récolte en était mieux soignée.

La plante nommée *di-na-xang*, ou l'indigo vert, ferait à elle seule la fortune d'une colonie.

L'empire annamite est assez riche en bois de construction, de charpente et de menuiserie ; le Camboge en est abondamment pourvu. On cite, parmi les plus beaux bois et les plus utiles, le *go* (*nunelca orientalis* de Loureiro) ; ce bois est dur, noir, pesant et susceptible d'un très-beau poli.

Le tabac et le bétel sont cultivés partout. Le tabac se fume généralement en cigarettes. Le bétel[1] se mâche en Cochinchine avec les ingrédients ordinaires.

Règne animal. La zoologie de la Cochinchine ne diffère pas remarquablement, dans ses traits principaux, de celle des contrées indiennes voisines. Les quadrupèdes les plus communs sont : le chien, ressemblant à celui de Chine, mais plus petit, et dont on mange aussi volontiers que dans le Céleste-Empire ; le cheval, qui est de petite race, de chétive apparence, et inférieur à tous égards aux chevaux, également de petite taille, de l'archipel indien. On s'en sert comme monture ; mais il n'est d'aucune utilité pour les travaux des champs ou pour la guerre.

Le buffle, dans le Camboge, est grand et vigoureux ; à

---

[1] Le bétel est une sorte de poivre qu'on mêle avec la pulpe de la noix d'arec, appelée *pinangue* dans le pays. Ce produit, qui est dans l'Inde l'objet d'un immense commerce de consommation, nous intéresse peu en Europe, où il n'est d'aucun usage. Les habitants de ces contrées, des deux sexes et de toute condition, mâchent continuellement le bétel, mêlé soit avec la noix d'arec, soit avec le cachou, comme les marins mâchent le tabac. L'un des effets de cet usage est de rendre les dents entièrement noires, ce qui est considéré dans ces contrées comme une beauté.

mesure qu'on l'élève dans le nord il s'abâtardit, et aux environs d'Hué, par exemple, sa taille et sa force sont tellement amoindries, qu'il perd beaucoup de sa valeur comme bête de labour. Le bœuf cochinchinois est petit, d'une couleur uniforme, brun-rougeâtre, et sans bosse. Sa chair n'est jamais employée comme aliment, celle du buffle non plus. Le lait est abhorré par les indigènes comme par la plupart des peuples de l'extrême Orient ; fait assez remarquable, dont je ne sache pas qu'on ait recherché ou indiqué la cause. Le cochon est fort estimé des Cochinchinois ; on le trouve partout à l'état sauvage, et l'espèce domestique, très-belle et très-compacte de forme, est l'objet de soins tout particuliers.

La volaille, surtout à Saï-gôn, est non-seulement abondante et à bon marché, mais de qualité supérieure. Plusieurs espèces de canards sauvages visitent ces contrées pendant la saison des pluies ; ils couvrent alors par milliers les rivières, les lacs, les étangs et les champs de riz. On élève le canard domestique, qui se multiplie au point qu'il n'est pas rare d'en voir des troupes de mille et au delà. L'hirondelle salangane ne construit nulle part ses nids, tant recherchés par les gourmands chinois, en plus grand nombre que dans les îles de la Cochinchine.

Le poisson de toute espèce abonde sur les côtes et dans les rivières, et la pêche emploie un grand nombre de personnes des deux sexes. On voit chaque matin des barques innombrables sortir des ports, des baies, des moindres criques, et s'avancer jusqu'à plusieurs milles en mer, pour se livrer à une pêche fructueuse, et ne rentrer qu'au soir. Outre les poissons, qui font un des principaux aliments des habitants, la mer leur fournit encore diverses espèces de mollusques, surtout les holothuries, appelées par les Portugais *bichos do mar*, que toutes les nations du sud-est de l'Asie mangent avidement.

Les animaux nuisibles ont élu domicile dans le fond des forêts, et ne sont en général dangereux que pour ceux qui se hasardent à les attaquer ; le tigre y est aussi grand, aussi fort, aussi féroce qu'au Bengale ; le rhinocéros et l'éléphant y sont communs. L'éléphant de Cochinchine est un bel animal, semblable en tout point à celui des districts du Bengale. Les meilleurs viennent du Camboge, où ils sont fort nombreux et où l'on peut s'en procurer à des prix très-modérés (40 à 50 *quares*, c'est-à-dire de 120 à 150 francs environ). La variété blanche, objet d'une si grande vénération à Siam et dans l'empire birman, paraît être inconnue dans les pays annamites. On trouve des serpents de différentes espèces, des crocodiles, des sangsues de terre d'une longueur extraordinaire ; enfin, nous rangeons parmi les animaux nuisibles les moustiques et une foule d'insectes plus à redouter sans contredit que les espèces félines ou les reptiles les plus gros et les plus venimeux.

Nous allons jeter un coup d'œil rapide sur les différentes races dont se compose la population de l'empire annamite.

Races diverses. 1° La race annamite proprement dite occupe le Tonking et la Cochinchine. Les habitants de ces deux contrées parlent le même langage, sont régis par les mêmes lois, soumis aux mêmes usages ; cependant les deux pays ont eu pendant des siècles une existence politique distincte, et leurs gouvernements ont été à diverses époques dans un état non-seulement de rivalité, mais d'hostilité acharnée, qui a eu pour résultat de rendre alternativement l'un d'eux tributaire de l'autre. Aujourd'hui le Tonking est dans la dépendance de la Cochinchine.

2° Après elle la race la plus importante est celle qui occupe le Camboge. Les Cambogiens s'appellent dans leur propre langue *Kammer*, en langue siamoise *Kamman*, en cochinchinois *Kao-mien*. Leur pays se nomme, d'après les autorités chinoises, *Kan-phou-tche* (origine évidente du mot *Cam-bo-dje*). — Les Cambogiens parlent un langage différent de celui des peuples voisins; mais dans leur constitution physique, leurs manières, leurs lois, leur religion et l'état de leur civilisation, ils ressemblent plus aux Siamois qu'à aucun autre peuple.

3° Les habitants de Ciampa (*Tsiampa*, *Tchampa*) sont appelés en langue annamite *Loye* ou *Loï*. Le vrai pays de cette race s'étend depuis le cap Saint-James jusqu'à la province de Phu-yên, et même un peu au delà. Il formait un état monarchique considérable, dont la capitale était située dans la baie de Phan-rye, par environ 11° 10' nord; mais ce pays ayant été subjugué, vers le milieu du siècle dernier, par les Cochinchinois, la race annamite occupe les côtes et l'intérieur du pays jusqu'aux montagnes, où les premiers possesseurs du sol se sont réfugiés, et d'où ces Loye ou Loï, imparfaitement soumis et impatients du joug qui pèse sur eux, viennent souvent attaquer les envahisseurs. En conséquence, les Cochinchinois ont établi sur les montagnes et les passes principales un grand nombre de forteresses, construites pour la plupart dans le style européen, et probablement sur les plans de ces ingénieurs français qui ont si longtemps résidé dans ce royaume.

4° Une autre race, les Moïs, habite une contrée montagneuse de près de 500 kilomètres de long du nord au sud, sur une largeur de 100 mètres environ, entre le 10° et le 16° degré de latitude nord. C'est une nation peu connue, à demi-sauvage, avec laquelle nos missionnaires n'ont eu encore que peu de relations.

5° Enfin, une faible portion de la population de l'empire annanite se compose d'étrangers qui s'y sont installés à diverses époques et qui se divisent en trois branches d'une importance inégale. — Ce sont d'abord les Portugais de race mélangée, qui, ayant été expulsés de Malacca, sont venus s'établir dans ces contrées vers le milieu du xviie siècle. On rencontre presque partout de leurs descendants, mais qu'il est assez difficile aujourd'hui de distinguer de ceux des indigènes qui ont embrassé le christianisme.

Les Chinois sont les plus nombreux parmi les étrangers, mais beaucoup moins nombreux cependant, en proportion, qu'ils ne le sont dans le royaume de Siam et sur certains points de l'archipel. On évalue à environ quarante mille la totalité des Chinois établis dans l'empire; mais la plus grande partie, c'est-à-dire de vingt à trente mille, sont fixés au Tonking.

Enfin, sur la côte est du golfe de Siam, on trouve aussi quatre ou cinq mille Malais, dont les résidences principales sont Pong-som et Kam-pot. Ils professent la religion mahométane, et parlent un langage mélangé de malais et de tsiampa avec quelques mots cambogiens. Ils sont en trop petit nombre pour avoir aucune influence politique. Ils s'occupent d'un commerce actif de cabotage avec les petits pays voisins.

CHAPITRE II

Résumé historique. — Gouvernement de la Chine. — Armée. — Physionomie et caractère du peuple. — Industrie. — Architecture navale. — Langage. — Législation; usages divers; religion. — Introduction du christianisme en Cochinchine et au Tonking. — Etablissement des vicariats apostoliques.

Résumé historique. L'Annam paraît avoir été conquis par la Chine deux cent quatorze ans avant l'ère chrétienne. A dater de cette époque, des colonies chinoises s'établirent dans le pays et y introduisirent le langage, les lois, les coutumes et la religion du Céleste-Empire. Toutefois, la domination chinoise ne put se maintenir longtemps dans sa nouvelle conquête. En l'an 263 de notre ère, la Cochinchine recouvra son indépendance, mais à la condition de payer tribut à la Chine. En 1280, les souverains tartares de cet empire essayèrent d'établir de nouveau leur domination directe sur les pays annamites, mais ils ne purent y parvenir. En 1406, les Chinois, profitant des troubles intérieurs du Tonking, envahirent ce royaume, qu'ils évacuèrent en 1428, se contentant de l'engagement pris par les Tonkinois de se reconnaître vassaux de la Chine. En 1471, le Tonking se rendit entièrement maître de la Cochinchine. En

1540, une nouvelle révolution au Tonking amena l'intervention chinoise, dont le résultat fut de placer le Tonking dans la dépendance de la Chine, à laquelle il dut payer tribut tous les trois ans. En 1553, la Cochinchine, gouvernée par un prince d'origine tonkinoise, secoua le joug du Tonking ; et après une lutte rarement interrompue pendant trois siècles, et dont nous indiquerons les événements les plus saillants, le Tonking passa définitivement, il y a soixante ans (en 1802), sous la domination cochinchinoise.

L'évêque d'Isauropolis, Mgr Taberd, dont le témoignage est décisif en tout ce qui touche l'histoire de ce pays depuis le xvie siècle, résume comme il suit les faits principaux qu'il est indispensable de connaître pour établir dans leur ordre chronologique la marche des événements.

A la fin du xve siècle, le roi du Tonking s'empara de quelques provinces voisines de ses états, et qui dépendaient du royaume de Ciampa. Dans le cours du xvie siècle, une famille tonkinoise, celle des Nguyen, ayant rendu de grands services au roi, fut élevée dans la personne de son chef, et à titre héréditaire, à la dignité de *chuá*, ou lieutenant du royaume, le roi se réservant la dignité de *vua*, c'est-à-dire roi ou souverain ; et le gouvernement des deux provinces enlevées au roi de Ciampa constitua l'apanage de cette famille princière des Nguyen. En 1553, cette famille se déclara indépendante ; mais elle ne prit le titre et les insignes royaux qu'à dater de 1570. Ce fut là l'origine du royaume de Cochinchine, ou plus exactement d'Annam, qui, comme nous l'avons dit, signifie *Paix méridionale*.

Depuis la constitution de ce royaume d'Annam jusqu'à nos

jours, on compte douze souverains, y compris le roi régnant. Voici les noms de ces rois et la durée de leurs règnes :

Tien-vu'o'ng, de 1570 à 1614, soit 44 ans.

Sai-vu'o'ng, de 1614 à 1635, — 21 ans.

Thu'o'ng-vu'o'ng, de 1635 à 1649, — 14 ans.

Hien-vu'o'ng, de 1649 à 1668, — 19 ans.

Ngai-vu'o'ng, de 1668 à 1694, — 24 ans.

Minh-vu'o'ng, de 1692 à 1724, — 32 ans.

Ninh-vu'o'ng, de 1724 à 1737, — 13 ans.

Vo-vu'o'ng, de 1737 à 1765, — 28 ans.

Hué-vu'o'ng, de 1765 à 1777.

A cette époque, il y eut un interrègne de deux ans, pendant lesquels les Tonkinois, appelés par un parti de mécontents ayant à leur tête les trois frères Tay-son, occupèrent la partie septentrionale de la Cochinchine. Les frères Tay-son, dont la révolte avait éclaté en 1774, s'emparent de la personne du roi légitime en 1777, et le mettent à mort. Son fils aîné cherche à ressaisir la couronne, est défait par les rebelles et mis à mort à son tour. La reine-mère s'échappe avec son second fils, Nguyen-chung (depuis Gia-long). Les frères Tayson gouvernent la Cochinchine jusqu'en 1801.

Gia-long (auparavant Nguyen-chung), roi légitime, mais nominal depuis 1777 jusqu'en 1801, parvient à reconquérir son royaume ; il réunit le Tonking et le Camboge à ses états, et fonde ainsi l'empire annamite.

Gia-long mourut en 1820, après un règne effectif de dix-neuf ans. Il eut pour successeurs, son fils

Minh-mang, qui régna de 1820 à 1842, soit 22 ans.

Thieutri, de 1842 à 1847, — 5 ans.

Tu-duc, fils de Thieutri, règne depuis 1847.

Nous bornerons à ce court résumé ce que nous avons à dire de l'histoire de l'empire d'Annam. Une seule époque nous offre de l'intérêt, parce qu'un de nos compatriotes missionnaires, l'évêque d'Adran, y joue un rôle important, que par son entremise des relations ont été établies entre le gouvernement français et celui de Cochinchine, et qu'il est intervenu des traités dont nous demandons aujourd'hui l'exécution.

Nous reviendrons avec quelques détails sur ce sujet, dans le chapitre suivant.

Gouvernement. En théorie comme en pratique, le gouvernement de l'empire d'Annam est fondé sur le despotisme pur, ainsi que le sont du reste tous les gouvernements de l'Orient. Cependant, comme le gouvernement chinois, qu'il imite en plus d'un point, il affecte de se montrer patriarcal et paternel. Tout l'empire doit être administré comme une famille; mais le bambou est le principal moyen employé à cet effet. L'antiquité des coutumes et la peur des insurrections sont les seuls freins qui arrêtent un peu le souverain.

Il n'y a de noblesse que celle que confèrent les fonctions. Elle tire des princes toute son autorité, pour le bien comme pour le mal. Elle se compose d'officiers civils et militaires, divisés en dix classes, comme en Chine les mandarins. Les deux premières forment le conseil du souverain. En somme, il n'existe que deux classes de sujets : le peuple et les mandarins. Le fils de chaque mandarin est en noblesse inférieur d'un degré à son père; et si les pères viennent à déchoir, les fils rentrent dans le peuple, à moins qu'ils ne méritent de nouveau un rang élevé par leurs services. Sous le gouvernement actuel, les grands mandarins, ceux qu'on appelle *les cinq colonnes de l'empire*, sont presque tous sortis des derniers rangs de la milice.

Chaque province a son mandarin militaire pour gouverneur, chargé spécialement de la direction de la force armée, plus deux gouverneurs civils, tous trois tenus d'agir en commun. Chaque province se divise en département (*huyen*); chacun de ces *huyen* se partage à son tour en quatre districts (*fu* ou *fou*), et chaque *fou* en un certain nombre de villages, dont les magistrats, élus par les paysans, sont chargés de la levée des impôts. Toute l'administration est présidée par un conseil d'Etat composé de six ministres.

Armée. Une garde royale ou impériale de trente mille hommes constitue la puissance militaire de l'Etat. Elle réside toujours dans le voisinage du monarque. Cette armée se compose de quarante régiments de six cents hommes ; elle forme cinq colonnes de 4,800 hommes, avec leurs officiers, leurs éléphants et leurs trains d'équipages. Il y a huit cents éléphants appartenant à l'armée, et sur ce nombre, cent trente stationnent toujours dans la capitale.

En sus de ces troupes, il y a cinq légions, chacune de cinq régiments, et des milices provinciales dont le nombre varie beaucoup. Il n'y a point de cavalerie; elle ne saurait convenir à un pays de montagnes et de côtes. On emploie aux travaux publics une grande partie de ces troupes. La marine a une organisation analogue à celle de l'infanterie; seulement elle stationne dans les ports. Tous ces soldats reçoivent leur paie en argent et en riz ; ils sont vêtus légèrement et armés d'un mousquet. Ils sont de petite taille, mais robustes, actifs, endurcis aux fatigues, faciles à instruire et obéissants.

L'armée a conservé une partie de l'organisation et de la discipline établies par les officiers français qui s'étaient attachés au service de l'empereur Gia-long. C'est aussi à ces officiers que les Annamites doivent les perfectionnements apportés à l'artillerie et à la construction des principales forces de l'empire.

Physionomie et caractère du peuple. La masse principale de la population cochinchinoise descend des colonies chinoises établies dans ce pays, comme nous l'avons dit, à l'époque où cette contrée était sous la domination de l'Empire du milieu. De là, il n'est pas étonnant qu'il y ait une grande ressemblance physique et morale entre les Annamites et les Chinois. Cependant il y a aussi des différences, et ce sont ces similitudes et ces différences que nous allons signaler.

Les Cochinchinois sont de petite taille (1 mètre 536 millimètres en moyenne). La tête est remarquablement ronde, ainsi que le contour de la face; le front étroit, le bas du visage large; les yeux petits, bruns et ronds, la paupière beaucoup moins bridée que dans la race chinoise, ce qui donne au regard et à la physionomie un air de vivacité qu'on ne rencontre pas chez les Chinois. Le nez est petit, mais bien formé; la bouche très-grande, les lèvres proéminentes, mais non épaisses. La face a une expression d'intelligence, de bonne humeur et de franchise qui distingue éminemment le Cochinchinois du Chinois, du Siamois et du Malais. Le Cochinchinois a les cheveux longs, noirs et rudes; il les relève ordinairement sur la tête et les y attache en nœud; ou bien il les enveloppe d'une espèce de turban noir; c'est l'ancienne manière dont les Chinois portaient leurs cheveux, jusqu'à ce que les Tartares, après la conquête de leur pays, les eurent forcés à se raser la tête entièrement, à l'exception d'une touffe de cheveux par derrière, qui forme la longue queue que l'on connaît.

C'est un peuple doux, naturellement inoffensif et facile à gouverner. Les basses classes se font remarquer par leur gaîté habituelle; ils bavardent et rient à tout propos comme des enfants; en sorte qu'on pourrait penser, au premier coup d'œil, qu'ils vivent sous le plus doux et le plus paternel des gouvernements, au lieu d'être réduits, comme ils le sont en effet, à végéter en esclaves sous le despotisme le plus absolu.

Les personnes d'un rang supérieur sont vêtues de soie. Elles ont dans leur manière toute la politesse chinoise. L'habit commun aux deux sexes consiste dans de larges robes avec de grandes manches, des tuniques et des caleçons de coton. Les hommes du peuple se couvrent la tête d'une sorte de turban, et vont toujours nu-jambes et souvent nu-pieds.

En Chine, les femmes sont presque toujours confinées dans leur maison; il n'en est pas de même en Cochinchine, et les femmes y sont aussi libres que les hommes. Un grand nombre se livre à l'agriculture, d'autres au commerce. Dans la classe du peuple, ce sont elles qui président à la construction et à la réparation des murailles de terre de leurs maisons, qui dirigent les manufactures de vaisselle de terre cuite, qui conduisent les barques dans les rivières et les ports, qui portent les marchandises, qui écossent et épluchent les cotons, qui en font du fil, les tissent, les teignent de différentes couleurs, et en font des habits pour elles et leurs familles. Les Cochinchinoises ne sont pas belles; elles ont les traits durs et la peau aussi brune que celle des Malais. L'habitude générale de mâcher l'arec et le bétel leur rend les lèvres plus rouges et les dents plus noires qu'elles ne les auraient naturellement; malgré tout cela, cependant, l'air de vivacité et de gaieté que respire leur physionomie, compense amplement l'absence de charmes réels. Leur costume est simple, car les Cochinchinois sont généralement pauvres : une chemise de toile de coton, brune ou bleue, qui descend jusqu'au milieu des jambes, et un long caleçon de nankin noir, le composent ordinairement; elles ne connaissent ni l'usage des bas ni celui des souliers, mais les femmes de la haute classe portent des espèces de sandales ou de grossières pantouffles. Leurs longs cheveux noirs sont quelquefois rassemblés en un nœud au-dessus de la tête, et quelquefois elles les laissent pendre derrière leur dos en longues tresses, qui souvent touchent la terre, car en Cochinchine les cheveux courts sont regardés comme la marque d'une basse naissance.

Industrie. Leurs plus belles maisons n'ont jamais qu'un étage; elles sont en bois ou en briques séchées au soleil. Les murailles de leurs villes sont construites avec des matériaux légers et très-imparfaits; aussi tombent-elles bientôt en ruines, et disparaissent-elles sous une forte et rapide végétation d'arbustes. Les maisons, ou plutôt les chaumières des gens du peuple, sont construites en bambous et couvertes de roseaux et de paille de riz; elles sont assez bien closes pour mettre les habitants à l'abri tantôt de la chaleur du soleil, tantôt des grandes pluies.

Les habitants ont peu de meubles, et d'une construction grossière. Les nattes qui couvrent le plancher sont tressées très-ingénieusement, en différentes couleurs; mais l'art de faire des nattes est si commun dans toutes les nations de l'Orient, que les plus belles y sont peu appréciées, même chez les gens du pays. Un fourneau de terre, un pot de fer pour faire cuire le riz, un ustensile qui leur sert à faire frire leurs légumes dans l'huile, enfin quelques coupes de porcelaine, voilà toute leur batterie de cuisine. Leur vaisselle de cuivre fondu égale en qualité celle de la Chine ; mais leur poterie de terre est très-inférieure. Ils paraissent savoir bien travailler les métaux. La plupart des poignées d'épées de leurs officiers sont d'argent et passablement finies, et leurs ouvrages en filigrane valent ceux de la Chine. Cette nation ne manque pas d'intelligence, et il est certain que, si elle était encouragée, elle ferait dans les arts et les métiers de rapides progrès.

Une branche particulière des arts dans laquelle la Cochinchine excelle, c'est l'architecture navale ; mais ils y ont été singulièrement favorisés par la qualité et la grandeur de leur bois de construction. Leurs jonques de plaisance sont des bâtiments d'une beauté remarquable ; la coque a de vingt à vingt-cinq mètres de longueur, et quelquefois il n'entre dans sa construction que cinq planches, qui toutes s'étendent d'une extrémité à l'autre, assemblées à mortaises et à chevilles de bois, et tenues fortement par des cordes de fibres de bambous, sans aucune espèce de côtes ou de couples. L'avant et l'arrière sont très-élevés et décorés de figures monstrueuses de dragons et de serpents, d'une sculpture assez curieuse, ornées de peintures et de dorures. Un grand nombre de mâts et de perches sont chargés de flammes et de banderolles. Des touffes de queues de vaches teintes en rouge, des lanternes, des parasols et d'autres décorations suspendues à des bâtons, des deux côtés de la jonque, annoncent le rang des personnages qui la montent ; et comme ceux-ci se tiennent toujours sur l'avant, et qu'il serait incivil que les rameurs leur tournassent le dos, ces derniers font face à l'avant du bâtiment, et poussent les rames devant eux, au lieu de les tirer par derrière comme on fait dans tout l'Occident; mais ils exécutent cette manœuvre au son d'un chant animé qui imprime à leurs rames un mouvement régulier et cadencé. La forme de leurs voiles est admirable pour serrer le vent au plus près. Cette forme est celle d'un éventail qui s'ouvre et se ferme à volonté.

LANGAGE. La langue cochinchinoise appartient à la famille des langues de l'Asie orientale, désignée ordinairement par l'épithète de *monosyllabique*, par la raison que chaque syllabe y exprime une idée complète. Quoique cette langue soit un dialecte du chinois, elle n'est pas entendue en Chine; mais l'écriture est la même, et comme les caractères représentent des idées et non des sons, ils sont compris également dans les deux pays, à peu près comme nos noms de nombre, différents dans toutes les langues de l'Europe, sont néanmoins toujours représentés par les mêmes chiffres.

A cette occasion, nous ferons observer à nos lecteurs qu'avec notre alphabet, dont nous nous servons pour écrire les mots cochinchinois, on ne peut donner une juste idée de la manière dont ces mots doivent être prononcés : d'abord, parce qu'il y a dans cette langue, comme dans toutes celles de l'extrême Orient, des sons particuliers dont l'usage nous est inconnu, et que nos alphabets ne contiennent aucun signe pour les représenter ; ensuite, comme chaque nation européenne, qui fait usage des caractères romains, ne prononce pas les mêmes lettres d'une manière uniforme, il en résulte qu'un Anglais, un Espagnol et un Français écriront le même mot tonkinois ou cochinchinois selon leur prononciation particulière, et qu'alors ce mot ne paraîtra plus être le même.

Les missionnaires catholiques de la Cochinchine et du Tonking ne se servent aussi que de l'alphabet romain pour écrire la langue de ces peuples, en employant certains signes particuliers pour indiquer des sons qui manquent dans nos langues. Ainsi, dans le système d'orthographe adopté par les missionnaires, on emploie la lettre *a* surmontée d'un accent circonflexe (*â*) pour exprimer un son qui n'est celui d'aucune de nos voyelles; on ajoute aux lettres *o* et *u*, une petite virgule placée à droite dans le haut en forme d'apostrophe (comme dans le nom de *Thu'ong-vu'ong*, ci-dessus), pour exprimer deux autres sons que nous n'avons point dans nos langues.

Nous terminerons ces observations en faisant remarquer que nous nous sommes généralement servis, pour les noms tonkinois et cochinchinois employés dans cet ouvrage, de l'orthographe adopté par les missionnaires, en conservant seulement ceux des signes qui sont en usage dans le français et en ne tenant pas compte des autres.

LÉGISLATION, USAGES DIVERS, RELIGION. Les lois sont les mêmes qu'en Chine, mais plus mal exécutées et avec infiniment plus d'arbitraire. La bastonnade est, dans une multitude de cas, le seul moyen de répression, et l'on y revient partout et toujours : les parents en usent avec leurs enfants, les maris avec leurs femmes, les officiers avec leurs soldats, les généraux avec leurs officiers, etc.

Une foule d'autres usages indique clairement la commune origine des deux peuples. Ainsi, la même étiquette est observée dans les mariages, les processions et les cérémonies funéraires. Ils ont la même nourriture et la même manière de préparer les aliments. Les jeux publics et tous leurs amusements sont du même genre ; on trouve chez tous les deux les mêmes formes et les mêmes manières de feu d'artifice, les mêmes instruments de musique, les mêmes jeux de hasard.

Comme en Chine, le peuple suit la religion de Bouddha ou de Fo ; mais ce culte est mêlé d'une foule de pratiques superstitieuses et absurdes : les classes inférieures adorent les bons et les mauvais génies comme en Chine, leur offrent des sacrifices et brûlent des papiers dorés en leur honneur. Chaque ville, chaque village, chaque famille, et même chaque individu, se choisit un génie particulier, objet de ses hommages. C'est quelquefois un animal, un serpent, ou même un être inanimé, tel qu'une pierre ou un morceau de bois. C'est une véritable idolâtrie poussée jusqu'au fétichisme. Les mandarins étudient les livres de Confucius, et prétendent baser le système de leur conduite morale sur les préceptes de ce philosophe ; le fait est que ces préceptes sont fort peu respectés, et que dans l'empire d'Annam, comme dans l'Empire du milieu, les grands se livrent sans aucune retenue à la plus grande immoralité. C'est pourquoi, dans l'un et l'autre pays, ils redoutent l'introduction d'une religion qui mettrait un frein à leurs passions déréglées, et c'est une des principales causes qui ont empêché jusqu'ici les progrès du christianisme dans ces contrées.

Les premières prédications du christianisme en Cochinchine remontent aux premières années du XVIIe ou même à la fin du XVIe siècle ; mais les premiers missionnaires, qui étaient des religieux franciscains, augustins ou dominicains, quittèrent successivement le pays, pour des causes qui nous sont restées inconnues.

En 1614, deux jésuites, l'un Portugais, l'autre Italien, forcés d'abandonner le Japon alors en proie à une persécution terrible, abordèrent en Cochinchine. Ils furent d'abord bien accueillis du roi et des mandarins; ils commençaient à prêcher l'Evangile et à faire des prosélytes, lorsque les bonzes les accusèrent d'être les auteurs d'une sécheresse extraordinaire qui désolait le pays. Le roi (c'était Saî-vu'o'ng) se trouva forcé de les renvoyer. L'un d'eux, le Portugais, retourna au Japon où il subit le martyre; l'autre, l'Italien, appelé le P. François, se cacha dans une province de Cochinchine, sous la protection du gouverneur. Plusieurs autres jésuites vinrent rejoindre le P. François dans son exil, et apprirent avec lui la langue du pays.

Quand le calme fut rétabli, ils prêchèrent de nouveau ouvertement l'Evangile, et firent de nombreux prosélytes, parmi lesquels on comptait plusieurs bonzes et quelques mandarins. A la mort de Saî-vu'o'ng, son fils Thu'o'ng-vu'o'ng, qui lui succéda, chassa tous les missionnaires de son royaume. Pendant plusieurs années, les missionnaires ne résidèrent plus en Cochinchine, mais ils y venaient continuellement avec les vaisseaux portugais de Macao qui trafiquaient avec ce pays, et tandis que les marins s'occupaient des affaires de leur commerce, les bons pères visitaient les chrétiens, les consolaient et les encourageaient dans la foi.

Vers la même époque (de 1626 à 1631), les jésuites pénétrèrent aussi au Tonking, qui était alors, comme nous l'avons vu, un royaume séparé de la Cochinchine. Le roi du pays leur fit bon accueil, et en 1641, on comptait plus de cent mille chrétiens et cent trente-cinq églises dans l'étendue du Tonking. L'un de ces missionnaires, le P. de Rhodes, natif d'Avignon, après vingt-cinq ans de travaux apostoliques dans le Tonking et la Cochinchine, fit un voyage à Rome pour les affaires de ces églises naissantes. Il proposa au Saint-Siége de travailler à former un clergé indigène dans l'extrême Orient. Le pape Innocent IX applaudit à la proposition du P. de Rhodes, dont les souverains pontifes avaient depuis longtemps déjà conçu la pensée ; il voulut sacrer le vénérable missionnaire lui-même comme premier évêque du Tonking ; mais l'humble religieux refusa constamment cette dignité. Chargé par le souverain pontife de chercher des sujets d'un mérite distingué, qui fussent dignes de l'épiscopat et capables de former un clergé indigène dans les contrées de l'Orient, il vint à Paris, où il trouva ce qu'il cherchait. Il présenta au souverain pontife (alors Alexandre VII) MM. de Lamothe-Lambert, ancien conseiller au parlement de Rouen, qui venait d'embrasser l'état ecclésiastique, et François Pallu, chanoine de Tours. Le pape nomma le premier vicaire apostolique de Cochinchine avec le titre d'évêque de Béryte *in partibus*, et le second vicaire apostolique du Tonking avec le titre d'évêque d'Héliopolis. L'évêque de Béryte partit en 1660, et celui d'Héliopolis en 1662, l'un et l'autre accompagnés de quelques missionnaires. En quittant Paris, ils y laissèrent quelques-uns de leurs confrères, chargés du soin de gérer leurs affaires, et d'établir un séminaire uniquement destiné à fournir des sujets pour les missions étrangères. — Telle est l'origine du séminaire des Missions étrangères, que dom Bernard de Sainte-Thérèse, évêque titulaire de Babylone et vicaire apostolique de Perse, établit dans plusieurs maisons qu'il possédait à Paris, rue du Bac, au coin de celle qui a pris de lui le nom de *Babylone*.

A compter de cette époque, le Tonking et la Cochinchine n'ont pas cessé d'avoir des évêques catholiques. — En 1679, la religion chrétienne faisant de grands progrès dans le Tonking, le Saint-Siége jugea convenable d'y établir deux vicaires apostoliques, l'un pour le Tonking oriental, l'autre pour le Tonking occidental.

Les missionnaires français furent spécialement chargés du Tonking occidental, et les missionnaires espagnols et italiens, de la partie orientale de ce pays. Ces derniers missionnaires étaient directement envoyés de Rome par la Propagande, ou venaient des Philippines, qui appartiennent à l'Espagne.

Depuis la création du vicariat apostolique du Tonking occidental, neuf prélats, tous français, ont occupé ce poste, jusqu'à Mgr Retord, qui l'occupait au moment de la première expédition française en 1858.

Nous avons dit que pendant plusieurs années, les missionnaires ne pouvaient résider en Cochinchine. Cet état de choses durait encore à l'arrivée de Mgr de Béryte, premier vicaire apostolique de cette contrée. Aussi, en arrivant dans l'Indo-Chine, il se fixa d'abord à Siam, où il fonda un séminaire pour y former des prêtres et des catéchistes chinois, tonkinois, cochinchinois et siamois ; puis un collége pour élever les jeunes gens de ces pays, et un hôpital où les pauvres étaient secourus gratuitement. Il faisait de temps en temps des voyages au Tonking et dans la Cochinchine. En 1675, il eut une audience du roi de Cochinchine (Ngâi-vu'o'ng), et en obtint la permission d'y exercer ses fonctions, d'y laisser et d'y envoyer des missionnaires.

Ses successeurs eurent plus ou moins à souffrir des persécutions. Rarement ils pouvaient résider en Cochinchine ; alors ils se fixaient au Camboge, d'où ils pouvaient facilement surveiller leur séminaire toujours resté à Siam depuis Mgr de Béryte.

De nos jours (en 1844), la Cochinchine a été partagée en deux vicariats apostoliques, l'un de la basse, l'autre de la haute Cochinchine. Saï-gôn, aujourd'hui au pouvoir de la France, est la résidence habituelle du vicaire apostolique de la basse Cochinchine.

Ce serait un ouvrage intéressant que le récit des travaux, des persécutions, des souffrances et souvent du martyre de nos missionnaires dans ces contrées ; mais ce récit n'entre pas dans le plan de cet ouvrage, qui a pour objet principal l'histoire des expéditions entreprises par la France contre l'empire d'Annam ; seulement nous ferons connaître les premiers rapports politiques de la France avec ce pays, et les causes qui ont amené la guerre actuelle.

CHAPITRE III

Arrivée de Mgr Pigneaux, évêque d'Adran, en Cochinchine, à l'époque de la grande révolution qui agitait ce pays. — Origine de cette révolution. — Révolte des frères Tay-son. — Leur portrait. — Ils détrônent le roi légitime et le mettent à mort. — Le fils aîné du roi veut marcher contre les rebelles; il est défait et mis à mort. — Le second fils du roi, devenu l'héritier légitime du trône, s'échappe avec sa mère. — Pendant son exil il se lie avec l'évêque d'Adran. — Première tentative de Ngû-yen-ânh pour recouvrer ses états. — Sa défaite. — Sa fuite. — secours que lui donne l'évêque d'Adran. — Le prélat propose au prince fugitif d'aller implorer le secours de Louis XVI, roi de France. — Le prince annamite y consent et confie son fils aîné à l'évêque d'Adran. — Départ de ce prélat pour la France. — Sa réception à la cour de Louis XVI. — Traité conclu entre le roi de France et le roi de Cochinchine. — L'évêque d'Adran est nommé ministre plénipotentiaire du roi de France auprès du roi annamite. — Retour de l'évêque d'Adran en Orient. — Son arrivée à Pondichéry. — Difficultés qu'il éprouve de la part du gouverneur français de nos possessions dans les Indes. — Il retourne en Cochinchine avec des secours bien inférieurs à ceux que Louis XVI avait promis de donner. — Utilité dont ils sont à Ngû-yen-ânh. — Reconnaissance de ce dernier envers l'évêque d'Adran. — Ses succès contre les rebelles — L'évêque d'Adran accompagne souvent le fils du roi, son élève, dans ses expéditions contre les rebelles. — Par les conseils de ce prélat, le roi recouvre tous ses états. — Mort de l'évêque d'Adran. — Douleur du roi. — Eloge magnifique que ce prince en fait. — Honneurs qu'il rend à sa mémoire.

Le septième vicaire apostolique de la Cochinchine fut Mgr Pierre-Joseph-Georges Pigneaux de Behaine, nommé, en 1770, évêque d'Adran et coadjuteur de Mgr Piguel, évêque de Canathe, vicaire apostolique titulaire; celui-ci étant mort en 1771, l'évêque d'Adran lui succéda.

En 1774, Mgr Pigneaux entra en Cochinchine par le Camboge. C'était l'époque de la grande révolution qui dura vingt-huit ans, et qui, après d'innombrables vicissitudes, conduisit le Tonking et la Cochinchine à l'état où ils sont depuis soixante ans.

Cette révolution était préparée en quelque sorte depuis bien des années, par l'incapacité de l'avant-dernier roi, Vo-vu'o'ng, qui avait abandonné les rênes de l'Etat à un ministre pervers, pour vivre dans l'indolence et la débauche. Les malversations de ce ministre excitèrent dans la nation un mécontentement général, qui éclata en de fréquentes révoltes, réprimées à force de cruautés.

Huê-vu'o'ng, successeur de Vo-vu'o'ng, n'était qu'un enfant lorsqu'il monta sur le trône; incapable de régner, il laissa toute sa puissance entre les mains du même ministre, qui prit soin de perpétuer l'incapacité de son maître, en lui inspirant le goût des frivolités, des spectacles et de la débauche; abusant de l'autorité qui lui était confiée, il opprima le peuple et fit détester son administration.

Des insurrections sans cesse renouvelées présageaient une catastrophe. Quelques mandarins, voyant l'insuffisance des mouvements populaires pour renverser le ministre, appelèrent à leur secours le roi du Tonking, de qui celui de la Cochinchine était alors feudataire. Sur leur invitation, une armée tonkinoise fut envoyée en Cochinchine, et l'entrée lui en fut facilitée par les habitants du pays. Le général tonkinois manda au roi qu'il n'était point entré dans ses états pour lui faire la guerre, mais pour délivrer ses sujets des mauvais traitements que leur faisait subir son ministre; que s'il voulait le remettre entre ses mains, il se retirerait sur-le-champ. Le jeune prince, effrayé du danger, crut s'en tirer en livrant son ministre; mais dès que le général l'eut en sa possession, il marcha contre le prince, qui, dépourvu de conseils et incapable de s'en passer, ne vit de moyen de sûreté que dans la fuite, et se réfugia dans la basse Cochinchine, sans prendre le temps d'emporter ses trésors, qui furent la proie du vainqueur.

Parmi les insurrections qui avaient éclaté avant cette invasion, il en était une qui n'avait pu être assoupie, et à la tête de laquelle était un nommé Nhâc, homme d'une naissance obscure, dont la famille était surnommée Tay-son, ce qui signifie *montagnes occidentales*, ou *montagnards de l'Ouest*, surnom qu'elle avait reçu comme étant originaire de cette partie de la Cochinchine. Cette famille, qui eut la plus grande part aux événements qui décidèrent des destinées de la Cochinchine et du Tonking, avait pour chefs trois frères. Nhâc, l'aîné, était un riche négociant, un homme ambitieux; il s'était formé un parti considérable. Le second frère était un bonze, peu occupé des affaires publiques, peu capable de les diriger, mais influent parmi les bonzes, et par eux sur le peuple; il donnait une apparence de justice et un caractère de sainteté au parti qu'il adoptait. Le troisième frère, nommé Long-nha-ong, encore plus entreprenant, plus hardi, plus guerrier, plus artificieux que son frère aîné, était très-capable de seconder et de faire réussir ses desseins, quand son intérêt personnel ne le portait pas à les contrarier et à agir pour son propre compte.

Nhâc était un de ceux qui avaient contribué à appeler les Tonkinois en Cochinchine. Quand, après la chute du ministre qui était le prétexte de l'insurrection, il les vit s'installer dans le pays, il profita de l'aversion naturelle des Cochinchinois contre cette nation, pour déclarer qu'il voulait prendre la défense du roi. Mais ses projets d'ambition personnelle furent bientôt dévoilés. Huê-vu'o'ng sembla se réveiller un instant de son inaction, et leva une armée pour marcher contre les Tonkinois et contre lui. Il fut défait et mis à mort. Son neveu, qui même aurait eu des titres plus légitimes au trône que Huê-vu'o'ng, car il était le fils de son frère aîné, se fit proclamer roi. Déjà, avant cette époque, pour s'assurer le secours de Nhâc, il s'était joint à lui et avait épousé sa fille ; mais Nhâc voulait le trône pour lui-même et non point pour son gendre. Celui-ci, ayant découvert sa perfidie, s'échappa de sa maison, leva une petite armée et marcha contre son beau-père ; après quelques combats, il fut défait et obligé de se remettre entre ses mains. Nhâc le traita d'abord avec respect, puis bientôt après il le fit disparaître avec ses principaux officiers.

Le prince laissait deux fils. L'aîné leva une armée et marcha contre Tay-son, pour délivrer son père, qu'il croyait encore vivant. Mais Long-nhu-ong, le troisième des Tay-son, se présenta à cette armée comme porteur des ordres du roi qui avait disparu. Par une lettre patente, en bonne forme, il était ordonné à l'armée de mettre bas les armes et de livrer ce fils qui manquait au respect qu'il devait à son père. L'armée obéit ; le prince fut livré, condamné à mort comme rebelle, et eut la tête tranchée. Nombre de princes de la famille royale périrent dans les supplices, et une confédération de chrétiens cochinchinois, qui étaient restés fidèles au roi, fut dispersée et détruite.

Le second fils du roi détrôné par Nhâc, le jeune frère du malheureux prince qu'il venait de faire décapiter, parvint à s'échapper avec sa mère et se réfugia dans les bois. Là, pendant plusieurs mois, cachés sur la cime d'un arbre touffu, ils n'eurent pour subsister que les aliments que leur apportaient la nuit quelques serviteurs fidèles, confidents de leur retraite. Ils ne réussirent à se sauver que par le secours de l'évêque d'Adran, qui les recueillit chez lui, où ils restèrent cachés pendant un mois.

Ce fut là que commença entre le prélat et le jeune prince cochinchinois une liaison que la mort seule devait rompre. Ce prince, le seul rejeton de la famille royale, se nommait Ngû-yen-chung ou Ngû-yen-ânh ; il se montra toute sa vie reconnaissant envers le prélat, qui dès-lors posséda toute sa confiance.

Pendant son séjour auprès de l'évêque d'Adran, Ngû-yen-ânh réunit un faible parti, à l'aide duquel il se fit proclamer dans un district de la basse Cochinchine. Peu après, le nombre de ses partisans s'accrut ; il rassembla une armée de quarante mille hommes, s'empara de quelques jonques de guerre et se crut en état de livrer bataille à Nhâc ; mais il fut défait et abandonné de ses troupes.

Vaincu, sans ressources, n'ayant plus de retraite dans ses états, car l'évêque d'Adran avait été obligé lui-même de s'éloigner et de se rendre à Siam avec les élèves de son collége, le prince fugitif vint implorer l'assistance du roi de Siam. Celui-ci lui donna une armée de dix mille hommes, avec laquelle Ngû-yen-ânh rentra en Cochinchine. Cette armée, secondée par les restes du parti du roi, eut d'abord quelques succès ; mais bientôt les Siamois ne s'occupèrent qu'à piller le pays qu'ils venaient secourir. Ngû-yen-ânh, indigné de ces exactions, et ne voulant pas coopérer à la ruine de ses sujets, quitta l'armée, qui bientôt fut battue et mise en déroute.

Vers cette époque, l'évêque d'Adran se rendait de Siam à Pondichéry; comme le vaisseau qu'il montait longeait le Camboge, il apprit que le roi Ngû-yen-ânh se trouvait à peu de distance sur la côte. Il s'empressa de descendre à terre pour se rendre auprès de lui. Il le trouva dans la situation la plus pénible, accompagné d'environ six cents soldats, mourant de faim et n'ayant que des racines pour nourriture. Touché de ce spectacle, il partagea avec lui les provisions dont il s'était muni en assez grande quantité tant pour ses élèves que pour les gens attachés à sa maison. Ce nouveau bienfait, auquel le roi fut très-sensible, resserra les liens de l'amitié qui les unissait depuis longtemps.

Mgr Pigneaux passa quinze jours avec Ngû-yen-ânh; il partit ensuite pour Poulo-way, petite île déserte, où il resta neuf mois, qu'il employa de concert avec un prêtre cochinchinois, à composer et à traduire divers ouvrages de piété destinés aux fidèles de son diocèse. Au mois de décembre 1784, il quitta Poulo-way, et visita les provinces méridionales de la Cochinchine pour exercer ses fonctions apostoliques et sonder en même temps les dispositions des peuples à l'égard de leur souverain légitime. Il les trouva attachés à ses intérêts, et généralement mécontents de l'usurpateur. Ce fut alors qu'il conçut le projet d'implorer le secours du roi de France, Louis XVI, pour replacer sur son trône le monarque cochinchinois, à des conditions que l'avenir pouvait rendre très-avantageuses à la France et à la religion.

Plein de ce projet, il s'embarqua pour rejoindre le prince fugitif, qu'il trouva dans une petite île du golfe de Siam, appelée Phou-kok ou Qua-drol. Il était entouré d'un petit nombre d'amis fidèles et de soldats dévoués, tous réduits à la condition la plus déplorable. Le roi était au désespoir, et songeait à se retirer à Batavia ou à Goa, pour implorer le secours des Hollandais ou des Portugais. Mgr Pigneaux le détourna de cette idée, lui exposa le plan qu'il avait conçu, et le détermina à solliciter, par son intermédiaire, la protection de la France. Le prince goûta cette proposition. Il donna à l'évêque d'Adran des pouvoirs illimités pour traiter avec le roi de France, et, comme des instructions écrites pouvaient être mal interprétées, le roi les remplaça par le sceau principal de sa dignité, qui, pour tous les Cochinchinois, en est regardé comme l'investiture ; il y joignit une délibération de son conseil, qui expliquait ses intentions ; enfin, pour donner à cette démarche un caractère plus solennel et plus décisif, il fut convenu que le prélat emmènerait avec lui en Europe le fils aîné du roi, âgé de six à sept ans, et le présenterait au souverain français comme une garantie des intentions de son père et de la confiance avec laquelle celui-ci réclamait l'appui de notre nation.

L'évêque d'Adran fit donc voile pour l'Europe avec le jeune prince, et débarqua à Lorient au mois de février 1787. Il se rendit immédiatement à Paris avec son royal pupille. L'ambassade fut reçue avec beaucoup d'égards, et le jeune prince, présenté à la cour, y fut traité avec une considération marquée. Le digne missionnaire n'eut pas de peine à faire comprendre au gouvernement quelle utilité il retirerait des secours accordés au roi de Cochinchine, bien que le maréchal de Castries, ministre de la marine, se fût d'abord montré peu disposé à accueillir ce projet. Au bout de quelques mois, l'évêque d'Adran obtint la conclusion d'un traité par lequel le roi de France s'engageait à envoyer sans délai en Cochinchine, quatre frégates, douze cents hommes d'infanterie, deux cents artilleurs et deux cent cinquante Cafres. En compensation, le roi de Cochinchine faisait à la France des concessions de territoire, entre autres la magnifique baie de Touranne, l'île de Poulo-y-condor et quelques autres, avec la faculté de faire sur le continent tous les établissements que les Français jugeraient utiles pour leur navigation et leur commerce; il s'engageait en outre, dans une alliance offensive et défensive, à faire cause commune avec la France, et à fournir au moins soixante mille hommes de troupes de terre, au besoin, pour aider à repousser les attaques qui pourraient être dirigées par quelque puissance étrangère contre les établissements français dans la Cochinchine ou dans les Indes. En un mot, l'alliance consentie des deux parts était offensive et défensive dans l'acception la plus étendue, mais, en fait, tout à l'avantage de la France; et si le traité eût été exécuté, « il est certain, dit Crawfurd (dans son journal de l'ambassade du gouverneur général de l'Inde anglaise, près des cours de Siam et de Cochinchine, en 1822), que la Cochinchine fût devenue province française, ce qui eût amené par la suite l'intervention anglaise. »

Le jour de la signature du traité, l'évêque d'Adran fut nommé par Louis XVI son ministre plénipotentiaire auprès du roi de Cochinchine, auquel il fut chargé de remettre le portrait du roi de France. Il reçut pour lui-même des présents magnifiques, et s'embarqua, au mois de décembre 1787, sur une frégate qui portait des instructions du comte de Montmorin pour le comte de Conway, gouverneur général des établissements français dans l'Inde. Suivant ces instructions, le comte de Conway devait commander l'expédition projetée, dont il avait toutefois la faculté de suspendre ou de hâter l'exécution selon qu'il le jugerait convenable.

L'évêque d'Adran arriva au mois de mai 1788 à Pondichéry, avec son royal pupille, apportant à M. de Conway le cordon rouge qu'il avait demandé pour lui. Mais il ne trouva pas dans cet officier l'enthousiasme qu'il aurait désiré. M. de Conway craignait de courir les risques d'une expédition dont le succès lui paraissait douteux, et dont il ne voulait pas cependant laisser le commandement à M. de Fresne, colonel du régiment de Bourbon, avec lequel il était en querelle ouverte; il résolut donc de la faire échouer ou de l'ajourner indéfiniment. L'évêque d'Adran, en voyant ces lenteurs, écrivit au ministère pour réclamer un autre commandant. Mais la révolution, qui commençait d'éclater, et le mauvais état des finances, ne permirent pas de s'occuper d'intérêts si lointains. Les mesures dilatoires de M. de Conway furent approuvées, et l'évêque d'Adran se vit encore forcé d'ajourner ses espérances.

Au mois de mars 1789, ce prélat, ayant reçu des nouvelles de la Cochinchine, en fit part à M. de Conway, dans l'espoir qu'elles le détermineraient enfin à tenter quelques efforts en faveur d'une cause qui était loin d'être désespérée, comme on l'avait craint jusqu'ici. En effet, ces nouvelles portaient que le roi s'était remis en possession de la partie méridionale de son royaume; qu'il était en état de lever une armée de soixante à quatre-vingt mille hommes, et qu'i aurait au mois de mai suivant cinquante galères, deux vaisseaux et quatre à cinq cents jonques ou bateaux de guerre. Le roi de Cochinchine écrivait en outre une lettre de remercîments au roi de France, et ratifiait tout ce qui avait été fait par l'évêque d'Adran.

Malgré ces succès, qui en promettaient de plus brillants encore à Ngû-yen-ành pour peu qu'il fût secondé, M. de Conway refusa même une frégate et quelques bâtiments de charge nécessaires pour transporter trois cents hommes de troupe, cinquante hommes d'artillerie, cinquante Cafres et six pièces de canon, modeste contingent auquel l'évêque d'Adran réduisait le secours promis par le traité. Malgré le mauvais vouloir du gouverneur, le prélat ne se laissa pas décourager; il prit le parti de recourir aux négociants et aux habitants de Pondichéry, qui s'étaient déjà fortement prononcés en faveur de ses projets; avec leur aide, il fréta deux petits bâtiments, qu'il chargea d'armes de guerre et de munitions de toute espèce. Quatorze ou quinze officiers français et quelques volontaires composaient toute cette expédition, faible si l'on considère le petit nombre d'hommes, mais redoutable par la valeur et le talent de ceux qui en faisaient partie; c'étaient tous, en effet, des ingénieurs, des artilleurs, des officiers de marine, qui furent d'un grand secours au roi pour organiser son armée, sa flotte, et construire des fortifications redoutables. Les améliorations introduites à cette époque par nos compatriotes dans l'armée, la marine, et la défense des places de Cochinchine, se font encore remarquer aujourd'hui, et c'est à ce système tout européen qu'est due la résistance que nous avons rencontrée dans nos dernières expéditions, résistance bien autrement sérieuse et mieux entendue que celle que nous ont opposée les Chinois pour défendre les approches de Pékin. Aussi, depuis l'arrivée de ce faible renfort, Ngû-yen-ânh prit un ascendant toujours croissant sur les rebelles Tay-son.

Quelques mois après le départ de la petite expédition, l'évêque d'Adran accepta les propositions de M. de Conway, de le faire reconduire en Cochinchine avec le jeune prince; il s'embarqua sur la frégate *la Méduse*, commandée par M. de Rosily, et arriva près du roi Ngû-yen-ânh. Cette réunion eut lieu vers la fin de 1789, ainsi qu'on le voit par une lettre que le souverain écrivit, en janvier 1790, au roi de France, pour le remercier de l'accueil fait à son fils. « En réunissant, lui dit-il, le père et l'enfant, vous avez remis dans l'eau un poisson qui en était sorti; l'éloignement, quel qu'il puisse être, ne pourra jamais me faire oublier de si grands bienfaits. »

Pendant l'absence de l'évêque d'Adran, ce prince, doué d'une remarquable énergie, et de plus éclairé par le malheur, après avoir échappé comme par miracle à la fureur de ses ennemis et aux embûches du roi de Siam, son allié, avait su profiter des divisions qui s'étaient allumées entre les frères Tay-son, pour rentrer en possession des provinces du Camboge, où il avait toujours eu de nombreux partisans. De là, il soutenait avec des succès variés la guerre contre les rebelles, qui étaient maîtres de tout le reste de la Cochinchine et du Tonking. L'arrivée de l'héritier présomptif, de l'évêque d'Adran et des secours qu'il amenait, rendit la confiance au parti du roi. Les officiers français lui organisèrent promptement un corps de six mille hommes à l'européenne, auxquels ils enseignèrent la manœuvre, l'attaque et la défense des places; ils lui établirent des fonderies de canons et construisirent des vaisseaux.

Ces officiers ne se doutaient pas que tandis qu'obéissant aux intentions de leur roi, ils travaillaient, à cinq mille lieues de leur patrie, à faire remonter un roi sur le trône, leur propre souverain était renversé du sien et perdait la vie sur un échafaud. En apprenant la marche qu'avait prise la révolution française, un grand nombre de ces officiers se fixèrent en Cochinchine et continuèrent leur service auprès du gouvernement annamite. Nous citerons, entre autres, M. Dayot, qui a réorganisé ou plutôt formé la marine du roi de Cochinchine, et qui s'est noyé en 1815 dans le golfe du Tonking; M. Chaigneau, qui a été longtemps consul de France à Hué; et M. Vannier, devenu mandarin, ainsi que M. Chaigneau. Ces deux derniers sont rentrés en France quelques années après la mort de Giå-long ou Ngû-yen-ânh.

Avec ses nouvelles troupes et sa nouvelle marine, le roi se trouva prêt, dès 1792, à porter la guerre jusqu'aux portes de Qui-nhôn, ville capitale de Nhâc. Il brûla toute la marine des rebelles dans le port même de cette ville; il se serait même emparé de la place, s'il eût suivi les avis de l'évêque d'Adran et des officiers européens, qui voulaient qu'au lieu de traîner le siége en longueur, on profitât de la consternation des assiégés pour livrer l'assaut. Ce retard permit à une armée de venir au secours de la ville, et le roi fut forcé de se retirer dans ses provinces de la basse Cochinchine.

Depuis son retour, l'évêque d'Adran résidait ordinairement dans le voisinage de la cour; il n'allait cependant qu'une ou deux fois l'an au palais du roi; tout son temps était consacré aux intérêts de la religion; mais Ngû-yen-ânh lui faisait de fréquentes visites et se guidait d'après ses conseils dans toutes les affaires importantes. La confiance et l'estime que le monarque témoignait à un étranger, à un ministre de la religion chrétienne, inspirèrent de la jalousie aux courtisans et à plusieurs des principaux mandarins. Ils firent craindre au roi que le prince son fils, dont l'éducation était confiée au prélat, ne se fît baptiser, comme il en avait plusieurs fois témoigné l'intention. Ce prince cessa donc de demeurer avec l'évêque; mais il continuait de le voir souvent, et, s'il n'eût pas été enlevé par une mort prématurée, il eût certainement fini par embrasser ouvertement la religion chrétienne.

Plusieurs fois le prélat fut obligé d'accompagner et d'aider de ses conseils le jeune prince son élève dans ses expéditions militaires. Au mois d'avril 1794, les Tay-son parurent devant le port de Nhâtrang avec une flotte considérable. Le prince royal, accompagné de l'évêque d'Adran, courut s'y renfermer. Les rebelles attaquèrent aussitôt la ville; mais l'évêque sut tellement ranimer la confiance des troupes royales, et M. Ollivier, officier français, auquel le roi de Cochinchine doit la création de son artillerie, prit de si bonnes dispositions, que les ennemis furent repoussés et mis en fuite; ils se rapprochèrent de la ville quelques jours après, et envoyèrent un espion pour reconnaître la place. Conduit devant l'évêque d'Adran, celui-ci montra l'état de la place et lui dit d'un ton ferme : « Tu n'es point un soldat, et ton général ne veut point se rendre au roi, comme il le prétend (c'était le prétexte dont s'était servi l'espion pour s'introduire dans la ville); c'en est fait des Tay-son; ils ne sont venus à Nhâtrang que pour y trouver leur perte. Si quelqu'un veut se rendre, qu'il se hâte; demain soir il n'en sera plus temps. Tu as mérité la mort comme espion, mais nous te pardonnons; va dire à tes mandarins ce que tu as vu, et que nous bravons leurs efforts. » Cette conduite produisit son effet, et le siége fut levé.

Malgré les services qu'il avait rendus, l'évêque d'Adran fut toujours en butte à la jalousie des grands, qui voulurent encore, en 1795, lui faire retirer l'éducation du prince, par zèle pour la religion du pays. Le roi lui remit l'écrit des mandarins, et voulut en châtier les auteurs; mais il en fut détourné par l'évêque, qui demanda sa retraite et ne put l'obtenir. Ce qui avait contribué à exciter les alarmes des mandarins, c'était la conversion d'un des plus habiles mandarins lettrés qui, jusqu'à ce jour, s'était montré fort opposé au christianisme; conversion opérée par ses entretiens avec l'évêque d'Adran.

Au mois de novembre 1798, le jeune prince de Cochinchine ayant été envoyé par son père à la ville de Nhatrang, son sage mentor fut chargé de l'accompagner; il y demeura six mois avec son royal pupille; et pendant ce séjour, le prélat s'occupa avec le plus grand succès de rétablir la discipline parmi les troupes et le bon ordre dans l'administration. Le jeune prince et les mandarins le secondèrent activement dans cette tâche; car s'il ne put obtenir l'amitié de tous les grands, aucun ne lui refusa son estime; tous respectaient ses avis comme des oracles, recherchaient ses conseils et les suivaient avec confiance.

Les Tay-son étaient encore maîtres de treize provinces; l'évêque d'Adran trouva que le roi était en état de les presser avec plus de vigueur que jamais, et il l'engagea à mettre fin à cette guerre en formant le siége de la ville de Qui-nhôn, qui était leur plus forte place et le centre de leurs opérations. Le roi, suivant ce conseil, assiégea la ville par terre et par mer au mois d'avril 1799. Au bout de deux mois elle fut obligée d'ouvrir ses portes.

Le vainqueur y entra, suivi de plus de cent éléphants pris aux ennemis; quarante à cinquante mille hommes abandonnèrent les drapeaux des rebelles et vinrent se ranger sous les siens. Par cette conquête, le parti des Tay-son fut entièrement détruit en Cochinchine, et toute la partie du royaume qui était encore sous leur domination, ne tarda pas à passer sous celle de Ngû-yen-ành.

C'était un beau triomphe pour l'évêque d'Adran, dont les sages conseils avaient amené de si éclatants succès. Son influence à la cour était alors toute-puissante; il songeait à en user dans l'intérêt de la religion, qui faisait de jour en jour des progrès notables dans le pays; il se disposait aussi à reprendre des relations avec la France; enfin, il paraissait sur le point de jouir du fruit de tant de peines et de travaux, lorsqu'une dyssenterie opiniâtre l'enleva, le 9 octobre 1799, après trois mois de douleurs aiguës.

Pendant sa maladie, non-seulement le roi lui avait envoyé ses médecins, mais il était venu le visiter souvent; le prince royal et les grands du royaume en avaient fait autant. Sa mort fut un deuil général pour le pays; les mandarins et toute l'armée témoignaient par leurs cris combien la perte qu'ils faisaient leur était sensible. Le roi, la reine et le jeune prince paraissaient inconsolables. Son corps, embaumé par ordre du roi, fut transporté à Saï-gôn, où résidait la cour, et exposé pendant deux mois dans un cercueil magnifique, au milieu du palais épiscopal. Les funérailles se firent avec une pompe extraordinaire; elles eurent lieu le 16 décembre. Le roi y assista avec toute sa cour et tous ses mandarins. Le prélat avait demandé à être inhumé dans un petit jardin qu'il avait cultivé de ses propres mains, et qui était situé à peu de distance de la ville. Le cortége funèbre se mit en routé à deux heures après minuit. Le prince royal était à la tête du convoi ; il était suivi d'une foule qu'on pouvait évaluer à cinquante mille personnes, sans compter les spectateurs, qui étaient innombrables. Cent vingt éléphants richement ornés marchaient à côté du cercueil. Toute la garde royale était sous les armes et formait une double haie le long du chemin qu'on avait à parcourir. Quatre-vingts hommes choisis portaient le corps, placé dans un superbe palanquin. La marche du cortége dura sept heures, et il était neuf heures du matin quand on arriva au jardin où devait se faire la sépulture. Le roi avait mis à la disposition des missionnaires tout ce dont ils pourraient avoir besoin pour donner aux funérailles de leur évêque la plus grande pompe possible. Aussi les cérémonies de l'Eglise furent faites par M. Eliat, l'un des missionnaires, avec tout l'appareil qu'on aurait pu leur donner dans un pays catholique. Quand le corps eut été descendu dans le tombeau, et que le prêtre, suivant l'usage, y eut jeté un peu de terre, le roi s'approcha et en jeta aussi en versant des larmes.

Puis, quand les prêtres catholiques eurent terminé leurs cérémonies, le roi voulut honorer, par un sacrifice à la manière de son pays, le maître illustre qui l'avait soutenu dans l'infortune et guidé dans la prospérité. Nous ferons remarquer en passant que le nom de *maître illustre*, donné par le roi et les Cochinchinois à l'évêque d'Adran, est celui que les Chinois donnent à Confucius et aux grands hommes qu'ils veulent honorer.

La douleur du roi ne fut point passagère, et tant qu'il vécut il manifesta les regrets que lui avait causé la perte de son illustre ami. Il fit élever sur son tombeau un monument dont

M. Barthélemy, artiste français, composa le dessein et soigna l'exécution. Une garde de cinquante hommes fut établie à perpétuité pour veiller à la conservation de ce monument ; ce tombeau a été respecté et est encore aujourd'hui l'objet de la vénération du peuple.

Par son testament, Mgr Pigneaux légua tout ce qu'il possédait au roi, au prince héritier et au reste de la famille royale, dans l'intention de la rendre favorable aux missionnaires et aux chrétiens. Lorsque Ngû-yen-ânh vit les bijoux et les présents que lui léguait l'évêque d'Adran, il dit au missionnaire qui les lui présentait : « Voilà de bien belles choses, des ouvrages bien travaillés ; mais mon cœur n'y porte point envie. Je ne désire qu'une seule chose : c'est un petit portrait du *maître*, pour mettre avec celui du roi de France (Louis XVI), et le porter sur mon cœur tous les jours de ma vie. Si vous pouviez me le procurer, je serais content. » On ne put lui en donner qu'un de grande dimension ; il le fit encadrer et exposer dans son palais.

La mémoire de l'évêque d'Adran est encore aujourd'hui profondément vénérée dans tout l'empire d'Annam. On y conserve précieusement les copies d'un brevet qui confère au prélat, après sa mort, les plus hautes dignités, et qui renferme en même temps son oraison funèbre. Cette pièce remarquable à plus d'un titre mérite d'être placée sous les yeux de nos lecteurs ; en voici la traduction :

« Je possédais un sage, l'intime confident de tous mes secrets, qui, malgré la distance de plusieurs milliers de lieues, était venu dans mes états, et s'était attaché à ma personne avec tant de fidélité et de confiance, qu'il ne m'abandonna jamais lors même que j'étais poursuivi par l'adversité et n'éprouvais que des revers de fortune. Ah! pourquoi faut-il qu'au moment où mes affaires prenant une meilleure tournure, je commence à jouir de quelque prospérité, une mort prématurée m'enlève en un instant un trésor précieux! Le sage dont je veux parler est le grand maître Pierre Pigneaux, décoré de la dignité épiscopale et du glorieux titre de plénipotentiaire du roi de France, avec le commandement et la direction des troupes de terre et de mer, et des secours maritimes que ce souverain avait ordonné d'envoyer pour m'aider à recouvrer mes états.

» Le souvenir des vertus que ce sage pratiquait depuis longtemps, ne cesse d'occuper mon esprit et de faire le sujet de mes réflexions, et je veux en ce moment donner une preuve authentique de ma reconnaissance pour les bienfaits que j'ai reçus de lui, afin de m'acquitter de ce que je dois à son rare mérite. En Europe, il passait pour un homme d'un talent extraordinaire; dans cette cour, on le regardait comme le plus illustre étranger qui y eût jamais paru.

» Dès ma tendre jeunesse, j'eus le bonheur de rencontrer ce précieux et excellent ami, dont l'heureux naturel cadrait si bien avec mon caractère. Je l'avais tous les jours à mes côtés; il m'instruisait dans le chemin de la vertu. Je le consultais dans mes doutes et mes embarras, et ses conseils étaient toujours si prudents, que je pouvais les suivre avec la plus grande assurance. Peu de temps après, mille malheurs étant venus fondre tout à coup sur mon royaume, mes pieds devinrent aussi chancelants que ceux de l'empereur Thein-khong, de la dynastie des Ba. Dans ces circonstances critiques, il nous fallut prendre un parti qui nous sépara l'un de l'autre comme le ciel l'est de la mer. Je donnai à ce grand homme la plus grande marque de confiance ; il en était parfaitement digne : je lui confiai l'éducation de mon fils aîné, héritier présomptif de ma couronne ; je le lui remis entre les mains, quoiqu'il eût le dessein de l'emmener au delà des mers, dans le royaume qui est sa patrie, afin d'intercéder en ma faveur, par le récit de mes infortunes, le grand monarque qui y régnait. Il réussit à m'en obtenir des secours de troupes que ce souverain avait ordonné de m'envoyer ; mais ces secours ne furent point expédiés, parce que lorsqu'il était déjà en chemin pour revenir vers moi, ses projets furent traversés par des personnes qui refusèrent d'exécuter les ordres de leur monarque. Malgré ces contradictions, il ne m'abandonna pas ; mais, imitant un grand homme de l'antiquité, il s'empressa de me témoigner son attachement et sa fidélité en venant se réunir à moi pour chercher les moyens et les occasions de combattre avec courage et persévérance mes ennemis, qu'il regardait comme les siens.

» L'année que je pus rentrer en possession d'une partie de mes états et revenir dans ma capitale, j'attendais chaque jour avec impatience quelque heureux bruit qui m'annonçât son retour. Deux ans après, il arriva sur un vaisseau européen, précisément au temps qu'il avait fixé et assigné. A la manière insinuante et pleine de douceur avec laquelle il élevait mon fils, qu'il avait ramené sain et sauf, on voyait qu'il avait un talent merveilleux pour instruire la jeunesse, ce qui faisait croître de jour en jour l'affection et l'estime que j'avais pour lui.

» Dans les temps de détresse et de calamité, la profondeur et la sagacité de son génie lui faisaient trouver des ressources et des moyens admirables pour nous tirer d'embarras et rétablir nos affaires. La sagesse de ses conseils et l'éminence de sa vertu, que l'on voyait briller jusque dans l'enjouement de sa conversation, fortifièrent et resserrèrent les liens de l'amitié qui nous unissait jusqu'au point de nous rendre si familiers ensemble que, quand une affaire m'appelait hors de mon palais, nos chevaux marchaient de front. Enfin, il est vrai de dire que, depuis le premier jour où nous nous sommes connus mutuellement, jusqu'au triste instant qui vient de nous séparer, nous n'avons cessé d'avoir un même cœur et une même volonté. Cette union intime de nos cœurs, toujours subsistante, toujours inaltérable, remplissait mon âme de la joie la plus pure, sans mélange d'un instant de déplaisir. Je me flattais que la santé florissante dont il jouissait, me procurerait l'avantage de goûter encore longtemps les fruits d'une si étroite union ; mais, hélas ! pour mon malheur, la terre vient de couvrir cet arbre précieux, égal en beauté et en valeur au diamant le plus riche et le plus brillant ! Quel cuisant chagrin pour moi d'avoir perdu un objet si cher à mon cœur ! Non content d'exprimer par mes paroles, dans le silence de la retraite, des regrets amers qui occupent sans cesse mon esprit, je veux témoigner aussi d'une manière publique mon chagrin et ma tendresse pour cet illustre étranger.

» C'est pourquoi, afin de répandre au loin la bonne odeur de ses vertus, que sa rare modestie lui faisait toujours tenir cachées avec soin, et de laisser à la postérité un monument authentique qui atteste ses grandes actions et son rare mérite, je le décore de la dignité et des titres ci-dessous énoncés :

» TRÈS-HAUT ET PUISSANT SEIGNEUR ET PRINCE PIGNEAUX, PREMIER

MINISTRE D'ÉTAT ET GOUVERNEUR DE L'HÉRITIER PRÉSOMPTIF DE LA COURONNE, SURNOMMÉ TRUNG-Y [1].

» Le corps de ce grand homme est tombé en ruines ; son âme, qui y était comme dans une terre étrangère, s'est envolée au ciel. Hélas ! qui pouvait la retenir ici-bas pour toujours ? Je termine ce petit éloge ; pour mes regrets et ceux de la cour ils n'auront point de fin. Belle âme du *grand maître*, recevez cette marque de ma faveur et de mon amitié !

» Le 11e jour de la 11e lune de la 60e année de Can'h-hing. »

Ngû-yen-ânh ordonna à son fils de porter le deuil du prélat, et défendit toute espèce de réjouissance pour rendre grâces aux génies du royaume du succès de la dernière expédition : prohibition inouïe en Cochinchine.

[1] Ce surnom est composé de deux mots chinois qui expriment en abrégé les vertus et le mérite de Mgr l'évêque d'Adran. Le premier, *trung*, signifie un homme droit, sincère et fidèle, d'une vertu accomplie ; le second, *y*, désigne un homme rare et excellent, recommandable par ses grandes qualités et ses talents extraordinaires.

CHAPITRE IV

Résumé du rôle rempli par l'évêque d'Adran auprès du roi de Cochinchine. — Décadence de l'influence française en Cochinchine après la mort de l'évêque d'Adran et du fils aîné du roi, son élève. — Nouvelles conquêtes de Ngú-yen-ành. — Il s'empare du Tonking, prend le titre d'empereur et le nom de Giå-long. — Etat de la religion chrétienne sous le règne de Giå-long. — Mauvaises dispositions de son successeur Minh-mang contre les chrétiens. — Tentatives faites sans succès par M. Chaigneau, pour renouer des relations entre la France et la Cochinchine. — Vaines tentatives de M. de Bougainville pour obtenir une audience de Ming-mang en 1825. — Premier manifeste de Minh-mang contre la religion chrétienne. — Retour en France de MM. Chaigneau et Vannier. — Persécution contre les chrétiens. — Révoltes dans le Tonking. — Redoublement de sévérité contre les chrétiens. — Condamnation à mort et exécution du P. Marchand, missionnaire. — Décret contre les chrétiens. — Martyre de plusieurs évêques et prêtres missionnaires. — Mort de Minh-mang.

Résumons en quelques mots le rôle que remplit l'évêque d'Adran auprès du gouvernement de la Cochinchine, et nous verrons ensuite les causes qui ont fait tomber rapidement l'influence française dans ce pays.

Connaissant les hommes, doué d'une intelligence exquise, et possédant à un haut degré le don heureux de la persuasion, Mgr Pigneaux exerça, malgré sa double qualité d'Européen et de prêtre catholique, une influence prodigieuse sur le roi de la Cochinchine et sur ses sujets, influence d'autant plus extraordinaire, que le souverain et le peuple étaient asiatiques et idolâtres. Homme d'Etat habile autant que zélé missionnaire, il prévit tout le parti que la religion et la France pouvaient tirer d'une liaison intime avec la Cochinchine. C'est à sa prudence, à son courage, à sa fermeté et aux secours qu'il conduisit en Cochinchine, que le souverain de ce pays a dû la conquête de ses états; c'est par son inspiration que Ngû-yen-ânh donna tous ses soins à l'amélioration de l'administration, à l'organisation des différentes branches du gouvernement, au développement des ressources du pays; ce fut enfin en suivant les sages avis de l'évêque d'Adran, qu'il parvint à réprimer son caractère fougueux et emporté, qu'il obtint l'attachement de ses peuples, en diminuant le fardeau des impôts et en rendant une justice sévère.

Malheureusement l'œuvre de l'illustre prélat est restée imparfaite, et il n'a pu réussir, comme il le désirait, à cimenter l'alliance de la France et de l'empire annamite, et assurer dans ce pays la double influence de notre patrie et de notre religion; mais on ne saurait l'accuser de ce non-succès; la faute en appartient tout à la fois aux circonstances politiques qui agitaient alors la France et à la mort prématurée du saint évêque.

Les troubles de notre première révolution, les guerres maritimes de la république et de l'empire, ne permettaient plus à notre pavillon de se montrer dans ces parages; et quelle influence pouvait exercer dans ces contrées lointaines un pays livré à l'anarchie, ou dont la puissance maritime était tellement déchue, qu'il ne pouvait protéger ses propres colonies transatlantiques ni ses établissements de l'Inde? — Mais ce n'est pas tout; nous avons vu que l'évêque d'Adran avait été continuellement un objet de haine et de jalousie de la part des grands du royaume et des premiers mandarins, et qu'il ne s'était maintenu dans sa haute position que par l'affection toute particulière que lui portait Ngû-yen-ành. Après sa mort, ses ennemis eux-mêmes, tout en rendant hommage à ses vertus, pour ne pas déplaire au roi, se promirent bien de faire tous leurs efforts pour empêcher à l'avenir un étranger, un prêtre chrétien surtout, de s'élever dans la faveur du souverain comme l'avait fait l'évêque d'Adran. En effet, que serait-il arrivé si le successeur de ce prélat l'eût remplacé dans la faveur royale, et que l'héritier du trône eût continué d'être élevé par des prêtres catholiques? C'était, il faut bien le reconnaître, la ruine de l'idolâtrie et de la superstition, et l'établissement d'un nouveau régime qui eût détruit les abus dont vivent les grands, les mandarins et les bonzes. C'est là, on n'en saurait douter, la principale cause de la décadence rapide de l'influence française à la cour de Cochinchine, et des persécutions dont la religion chrétienne a été l'objet après la mort de Giâ-long.

La mort du prince royal, élève de l'évêque d'Adran, suivit de près celle de son maître, et l'on peut dire qu'elle fut le signal de cette décadence dont nous venons de parler.

Le successeur de l'évêque d'Adran fut Mgr Jean Labartelle, évêque de Véren, septième vicaire apostolique de la Cochinchine. Le roi, sans avoir pour lui l'amitié qu'il portait à Mgr Pigneaux, lui montra toujours beaucoup de déférence.

Ce prince, quelque temps après la mort de son illustre maître, continua les conquêtes si heureusement commencées de son vivant. En 1801, il s'empara de Hué, capitale de la haute

Cochinchine, et qui appartenait encore au troisième des frères Tay-son, ou plutôt à son fils ; en 1802, il soumit tout le Tonking, et le réunit à la Cochinchine pour en former l'empire annamite, tel qu'il existe aujourd'hui. Ce fut alors qu'il prit le titre d'empereur, et qu'il changea son nom de Ngû-yen-ânh en celui de Giâ-long, sous lequel il est plus connu dans l'histoire.

Au retour de ces expéditions glorieuses, il vint en personne visiter l'évêque de Véren, qui vivait dans la retraite à quelque distance de la capitale. C'était une faveur signalée qu'il n'accorda jamais, même au premier mandarin du royaume. Il s'entretint quelque temps avec lui, et le nom de Mgr Pigneaux ayant été prononcé dans la conversation, les larmes lui vinrent aux yeux, « ce qui arrivait, écrivait Mgr de Véren, toutes les fois qu'il avait occasion d'en parler. »

Sous le règne de Giâ-long, la religion catholique, sans être protégée d'une manière spéciale, jouit au moins d'une liberté qu'elle n'avait pas connue depuis son établissement au Tonking et à la Cochinchine, et qu'elle n'a pas retrouvée depuis. Malheureusement les maux de la guerre, qui désolèrent la première partie de son règne, ne permirent pas à la religion de faire autant de progrès que si les temps eussent été plus calmes ; et quand il eut pacifié son empire, la guerre maritime que se faisaient la France et l'Angleterre empêcha pendant bien des années l'arrivée des ouvriers évangéliques, dont la disette se faisait vivement sentir dans ces contrées.

Giâ-long mourut en 1819, âgé de soixante-trois ans. Il avait conféré à ses prédécesseurs le titre posthume d'empereur qu'il portait lui-même ; il aimait à se croire et se disait le descendant en ligne directe de la famille impériale des *Ming*, souverains du

Céleste-Empire, et qui furent renversés du trône par les Tartares qui soumirent la Chine dans le xvii⁰ siècle. Aussi affectait-il, dans la forme et les détails de son gouvernement, comme dans l'étiquette de sa cour, de suivre l'exemple du gouvernement et de la cour de Pékin [1].

Parmi les trente-six articles que contient son testament, on remarque les deux suivants : 1° il recommande à son successeur d'entretenir toujours, comme par le passé, une garde de cinquante hommes, destinée à prendre soin du tombeau érigé dans la province de Saï-gôn, en basse Cochinchine, en l'honneur de Mgr Pigneaux, évêque d'Adran; 2° il engage le nouvel empereur à ne persécuter aucune des trois religions établies dans son empire, savoir : celle de Confucius ou des lettrés, celle de Fo ou des idoles, et celle de Jésus-Christ, disant qu'elles sont toutes les trois bonnes, et que les persécutions occasionnent ordinairement des troubles dans l'Etat, attirent des calamités publiques, et souvent dépouillent de leur couronne les princes qui les exercent. Il cite l'exemple des Tay-son, qui ont voulu persécuter les chrétiens, et il montre cette persécution comme une des causes qui leur ont fait perdre leur pouvoir usurpé.

Le successeur de Giâ-long était son frère cadet. Il se nommait Chi-dam dans sa jeunesse, et il prit le nom de Minh-mang en montant sur le trône. Malheureusement il était loin d'être disposé à se conformer aux recommandations de

[1] Nous ferons remarquer à nos lecteurs que quoique Giâ-long ait pris le titre d'empereur pour lui et ses successeurs, et même pour ses ancêtres, le souverain annamite n'est pas reconnu comme tel par les autres peuples de l'extrême Orient, surtout par les Chinois, qui ne reconnaissent d'empereur que leur souverain. De là vient que le souverain de la Cochinchine est désigné indifféremment sous le titre de roi ou d'empereur.

son père. Giâ-long, ainsi qu'on peut en juger par son testament, regardait toutes les religions comme bonnes et ne croyait à aucune ; c'est là où mène la doctrine de Confucius, qui, comme on le voit, ressemble assez sous ce rapport au philosophisme moderne. Son fils aîné, élevé par l'évêque d'Adran, aurait probablement embrassé la religion chrétienne, pour laquelle il manifestait hautement son penchant. Son frère, au contraire, élevé par les bonzes, s'attacha avec ardeur à leurs superstitions, et se déclara ennemi juré de la religion chrétienne, qu'il menaçait de persécuter, même avant de monter sur le trône.

Toutefois, dans les commencements de son règne, il usa de quelques ménagements envers les chrétiens, soit par déférence pour les recommandations de son père, soit par politique, et dans la crainte d'exciter des mécontentements et des troubles, surtout au Tonking, dont les populations souffraient avec impatience la domination cochinchinoise. Plus tard, il s'est montré persécuteur impitoyable et infatigable des chrétiens, et a mérité le surnom de Néron de la Cochinchine.

Dans les dernières années du règne de Giâ-long, quand le retour des Bourbons en France eut ramené la paix en Europe et rendu à notre marine la libre navigation des mers, il ne restait plus que deux des officiers français arrivés en Cochinchine avec l'évêque d'Adran : c'étaient MM. Chaigneau et Vannier, qui tous deux s'étaient mariés dans le pays, avaient été élevés au grade de mandarins, en récompense des services qu'ils avaient rendus à Giâ-long. En apprenant les événements de 1814 et de 1815, M. Chaigneau conçut le projet de renouer les relations qui avaient existé entre la Cochinchine et la France. Giâ-long approuva cette idée, et autorisa M. Chaigneau à renouveler avec le frère de Louis XVI l'alliance qu'il avait autrefois contractée avec ce monarque infortuné.

M. Chaigneau fut parfaitement accueilli du gouvernement français, et lors de son départ pour retourner en Cochinchine, il reçut le titre de consul de France, et fut chargé d'une lettre du roi et de divers présents pour l'empereur. Il arriva à sa destination en 1821, avec deux missionnaires français, MM. Taberd et Gagelin. Mais de grands changements avaient eu lieu pendant son absence ; Giâ-long était mort, et ce fut l'empereur Minh-mang qui reçut les présents de Louis XVIII et la lettre de ce monarque qui les accompagnait. Il en parut satisfait et fit un accueil gracieux à M. Chaigneau ; mais il se borna là, et l'espoir qu'on avait fondé, soit pour établir de nouvelles relations avec la France, soit pour accorder plus de liberté à la religion chrétienne, se trouva déçu. Les deux missionnaires arrivés avec M. Chaigneau furent même obligés de débarquer secrètement, quoique habillés en Cochinchinois, et de se loger chez M. Vannier.

Cependant Minh-mang laissa assez tranquille Mgr de Véren pendant les dernières années de la vie de ce prélat. Il feignait de croire qu'il n'y avait plus d'autre missionnaire européen dans son empire, et il continua de le traiter avec les mêmes égards que lui accordait Giâ-long, jusqu'à sa mort arrivée en 1823. Ce vénérable prélat avait alors soixante-dix-sept ans, et en avait passé quarante-neuf dans les travaux apostoliques en Cochinchine.

Le gouvernement français, ayant appris la mort de Giâ-long, envoya en Cochinchine une frégate sous les ordres de M. de

Bougainville, qui était chargé de la part du roi de France de remettre au nouvel empereur Minh-mang une lettre et des présents. M. de Bougainville arriva dans la baie de Touranne au mois de janvier 1825, et il s'empressa de donner connaissance à l'empereur de sa mission; mais celui-ci ne voulut recevoir ni lettre ni présent, et refusa d'admettre à la cour l'envoyé du roi de France. La frégate fut obligée de s'en retourner sans que M. de Bougainville eût pu obtenir une audience de l'empereur ou de ses ministres. Cependant M. Régéreau, prêtre missionnaire, qui était venu sur ce bâtiment, parvint à descendre à terre, malgré la vigilance des espions, et il fut aussitôt conduit à la maison d'un prêtre cochinchinois, dans un village peu éloigné du port. Malgré ces précautions, l'empereur eut connaissance du débarquement de ce missionnaire. Aussitôt il lança un édit, par lequel il ordonnait aux gouverneurs des provinces de faire les plus exactes recherches pour saisir les missionnaires qui tenteraient de s'introduire furtivement dans l'empire. Ce document, qu'on peut regarder comme le premier manifeste public émané de l'autorité de Minh-mang contre la religion catholique, et le signal de la persécution, portait, entre autres dispositions, les passages suivants :

« La religion perverse des Européens corrompt la droiture du cœur et de l'esprit de l'homme. Jusqu'à présent plusieurs vaisseaux européens, venant faire le commerce en cet empire, y ont apporté secrètement des maîtres de cette religion, qui trompent le peuple, détruisent nos usages et nos coutumes, et nous empêchent de corriger et de redresser le cœur de notre peuple. En conséquence, nous ordonnons à tous les mandarins que, dans la saison où les bâtiments français paraissent sur nos côtes, ils les fassent surveiller avec le plus grand soin, et fassent garder jour et nuit, avec la plus sévère exactitude, tous les ports et toutes les avenues par terre et par eau, de crainte que les maîtres de la religion d'Europe ne s'introduisent secrètement parmi le peuple et ne propagent les ténèbres dans cet empire. »

L'édit est daté de la cinquième année du règne de Minh-mang, le 25 de la 12° lune, ce qui répond au 12 février 1825.

Les gouverneurs de province, pour se rendre agréables à leur maître, allèrent bien au delà de ce que portait l'édit. Au lieu de se borner à empêcher l'entrée des missionnaires et à rechercher ceux qui se seraient furtivement introduits dans le pays, ils défendirent aux chrétiens toute assemblée et tout exercice de religion, et ordonnèrent aux chefs des villages et aux soldats de se saisir d'eux et de les conduire en prison. Un tel ordre jeta partout l'alarme et l'épouvante. M. Régéreau, contre qui avait été principalement dirigé l'édit, ne sachant où se cacher ni comment échapper aux poursuites, parvint, après beaucoup de difficultés, à regagner le port et à s'embarquer sur un bâtiment qui le transporta au Tonking.

A la même époque, MM. Chaigneau et Vannier, fatigués des tracasseries auxquelles ils étaient en butte sous le nouveau règne, s'embarquèrent avec toute leur famille pour revenir en France. Ce départ fut un nouveau sujet d'affliction pour nos missionnaires, qui trouvaient toujours chez ces messieurs asile et protection.

Cependant Minh-mang ne paraissait pas d'abord vouloir persécuter la religion d'une manière violente ; il espérait la détruire en se contentant d'empêcher que de nouveaux missionnaires pénétrassent dans ses états. Le plus grand nombre des gouverneurs à qui l'édit fut envoyé obéit ou même dépassa la lettre de l'édit. Quelques-uns résistèrent, et parmi ces derniers nous citerons un grand mandarin, vice-roi de Dong-naï. Quand on l'invita à publier l'ordonnance de l'empereur, il répondit en présence de ses officiers : « Quels crimes ont donc commis les chrétiens pour les persécuter? Le tombeau du grand maître (Mgr l'évêque d'Adran) n'est-il pas encore ici? Qui sont ceux qui ont aidé le feu roi à recouvrer ce royaume? Il paraît que le roi actuel veut le perdre. Les Tay-son ont persécuté la religion chrétienne; ils ont été détrônés. Le roi de Pégu vient de perdre ses états, parce qu'il a persécuté cette religion. »

Le grand mandarin ne publia donc point l'ordonnance, et les chrétiens jouirent sous son gouvernement d'une entière liberté, tandis que la persécution commençait à sévir dans les autres provinces.

Cependant les ennemis de la religion trouvant que le monarque n'agissait pas avec assez de vigueur, lui adressèrent, en août 1826, une requête pour le supplier d'interdire absolument la religion catholique dans ses états. Ils lui indiquaient, en forme de conclusion, comme moyens efficaces d'extirper « cette religion perverse, de faire rechercher tout chrétien européen et tout prédicateur de la religion chrétienne, et de les expulser de l'empire ; de détruire les églises et de brûler tous les livres qui enseignent cette religion ; les Européens, qui malgré cet ordre persisteraient à rester dans l'empire, seraient arrêtés et condamnés, selon la loi, à la peine de mort. Des punitions sévères seraient infligées à ceux qui leur auraient donné un asile;

des récompenses seraient décernées à ceux qui les auraient dénoncés ; les mandarins reconnus coupables de négligence dans la poursuite des chrétiens, seraient livrés au grand tribunal des crimes. »

L'empereur ne jugea pas à propos, pour le moment, d'obtempérer à cette requête ; mais il permit qu'on lui donnât la plus grande publicité ; c'était, d'après les dispositions que l'on connaissait à ce prince, une menace dont l'effet ne tarderait pas à se faire sentir ; aussi, chaque jour s'attendait-on à voir publier le fatal édit, qui restait suspendu, comme l'épée de Damoclès, sur la tête de ceux qu'il devait atteindre.

Malgré ces menaces, le zèle des missionnaires ne se ralentit point ; plusieurs nouveaux prêtres pénétrèrent dans le Tonking et la Cochinchine ; cette dernière mission, qui souffrait depuis la mort de M. Labartelle de la privation d'un premier pasteur, apprit avec joie la nomination de M. Taberd, le plus ancien de ses missionnaires, au vicariat apostolique de la Cochinchine. Mgr Taberd reçut l'onction épiscopale des mains du vicaire apostolique de Siam, le 30 mai 1830.

Plusieurs années s'écoulèrent pendant lesquelles Minh-mang parut ne pas vouloir donner de suite aux menaces qu'il avait faites contre la religion. Il est vrai qu'il ne s'opposait pas aux persécutions exercées par quelques grands mandarins contre les chrétiens établis dans l'étendue de leur juridiction, mais il ne s'opposait pas non plus à la protection que leur accordaient quelques autres, entre autres le vice-roi dont nous avons parlé.

En 1831 et 1832, les persécutions recommencèrent, mais partiellement, contre quelques individus d'abord et contre quelques villages ; mais ce n'était en quelque sorte qu'un essai pour juger de l'effet que produiraient ces tentatives sur l'opinion publique. Enfin le 6 janvier 1833 parut l'édit de persécution conforme à la requête qui lui avait été adressée en 1826, c'est-à-dire sept ans auparavant. Mais pour être tardive, la mesure n'en avait été prise qu'avec plus de réflexion et de calcul, et elle fut exécutée avec la dernière sévérité.

Le premier missionnaire français qui souffrit le martyre fut le P. Gagelin ; son supplice eut lieu le 17 octobre 1833, dans un des faubourgs de Hué. Plusieurs prêtres et chrétiens cochinchinois endurèrent aussi le martyre à la même époque.

Peu de temps après qu'eut éclaté la persécution contre les chrétiens, il y eut au Tonking une révolte, non pas de chrétiens, mais d'habitants de ce pays qui ne souffre qu'avec impatience le joug de la Cochinchine. Elle fut promptement apaisée, et quatorze des principaux chefs périrent dans les supplices. Cette rébellion fut suivie de plusieurs autres qui éclatèrent dans diverses parties de l'empire, et que Minh-mang ne parvint à calmer qu'avec de grands efforts, en perdant un nombre considérable de ses meilleures troupes.

Ces événements, auxquels les chrétiens étaient restés étrangers, furent suivis d'un peu de calme de la part des persécuteurs de la religion. Minh-mang se rappelait-il ce que lui avait recommandé son père dans son testament, que la persécution de la religion chrétienne pouvait entraîner de grands dangers pour la couronne ? Le fait est que vers cette époque, tout en laissant subsister les édits qui proscrivaient la religion chrétienne, tout en montrant la même haine contre les fidèles, la violence de ce prince sembla s'amortir, et sa cruauté envers les chrétiens parut diminuer. Ainsi plusieurs chrétiens cochinchinois, qui avaient été condamnés à mort, virent ajourner l'exécution de leur sentence ; des missionnaires français, qui attendaient dans les prisons le sort du P. Gagelin, furent envoyés en exil dans des forteresses sur les frontières du royaume de Laos.

Du reste, cet adoucissement des rigueurs exercées contre les chrétiens ne dura pas longtemps, et bientôt Minh-mang se déchaîna avec une nouvelle fureur contre notre religion et ses ministres.

Un parti de rebelles de la basse Cochinchine, vivement poursuivi par les troupes royales, fut obligé de se réfugier dans le fort de Saï-gôn. Dans leur retraite, ils rencontrèrent un missionnaire français, le P. Marchand, du diocèse de Besançon, l'enlevèrent de force et l'obligèrent de les suivre dans la forteresse. Après un long siége, le fort fut pris, et M. Marchand fait prisonnier. L'empereur, ravi d'une si précieuse capture, condamna M. Marchand à mort, comme chef de rebelles et comme prédicateur de la *religion perverse* de Jésus. La sentence portait qu'il serait étranglé, après avoir eu toutes les parties charnues du corps disséquées et coupées en morceaux, et les membres brûlés par des fers et des tenailles rougis au feu.

Le saint missionnaire se disculpa facilement du premier chef d'accusation, et prouva sans réplique qu'il avait été entraîné par force avec les rebelles et qu'il était resté complètement étranger à leur révolte. Quant au second point, loin de s'en défendre, il le proclama hautement, et ne cessa de confesser la foi de Jésus-Christ au milieu des plus horribles tortures. La sentence ne put recevoir son exécution complète; le généreux martyr, dont le corps était épuisé par les souffrances, avait cessé de vivre quand on voulut l'étrangler ; et la corde des bourreaux ne serra plus qu'un cadavre. On lui trancha ensuite la tête ; ses membres furent transportés et précipités en pleine mer ; sa tête fut ensuite promenée dans toutes les provinces de l'empire, puis pilée et brûlée, et les cendres jetées au vent. Le supplice du P. Marchand eut lieu le 30 novembre 1835.

Les chrétiens de l'empire étaient encore sous le poids de la terreur produite par cette horrible exécution, quand Mình-mang publia, le 25 janvier 1836, un nouvel édit contenant contre les missionnaires les plus rigoureuses mesures. Après avoir reproduit toutes les calomnies imputées aux chrétiens, le décret portait en substance :

1° Que tous les ports seraient interdits aux Européens, à l'exception d'un seul ;

2° Que dans ce port unique, une surveillance rigoureuse devrait être exercée sur les étrangers qui viendraient trafiquer avec les Annamites ;

3° Que le nombre de ces étrangers qui descendraient à terre devrait être limité par les mandarins ;

4° Qu'ils ne seraient point perdus de vue dans leurs transactions commerciales, et qu'il ne leur serait pas permis de se séparer ni d'entrer dans aucune maison ;

5° Que leur trafic une fois fini, et leur nombre constaté le même que lors de leur descente à terre, ils seraient reconduits à leurs navires ;

6° Que celui qui s'aviserait de se cacher serait traité comme un malfaiteur et puni de la peine capitale ;

7° Quant aux navires chinois, qui pourraient aborder partout, ils seraient néanmoins visités à leur entrée dans un port annamite; que s'il s'y trouvait un Européen soupçonné d'être prêtre, il serait mis à mort; que si l'Européen était évidemment un marchand, comme cela se rencontrait quelquefois, il serait contraint de rester sur le vaisseau jusqu'à ce qu'il reprît la mer;

8° Les prêtres européens saisis dans l'intérieur des terres seraient punis de mort; la même peine serait appliquée à ceux qui les cacheraient chez eux, et à ceux des officiers publics sur le territoire desquels un de ces prêtres serait découvert, parce qu'ils seraient censés n'avoir pas fait toutes les recherches nécessaires pour le saisir.

On conçoit qu'après un pareil édit la persécution dut redoubler de fureur. Nos missionnaires n'eurent plus de retraites que les forêts, les cavernes, ou même des tombeaux. Plusieurs succombèrent à tant de fatigues et de privations; ce qui n'empêcha pas de nouveaux ouvriers évangéliques de pénétrer dans l'empire d'Annam, malgré la surveillance des agents de Minh-mang et les dangers qui les attendaient.

Au mois de juin 1837, M. Cornay, de Loudun, fut arrêté dans le Tonking, au moment où il venait de débarquer dans ce pays, qu'il se proposait seulement de traverser, pour se rendre dans la province de Su-tchuen, en Chine, où était sa destination. On l'enferma dans une cage, et après plusieurs mois de détention l'empereur le condamna au supplice du *lang-tri*, c'est-à-dire à avoir tout le corps coupé par petits morceaux, en commençant par les extrémités des doigts des pieds et des mains, et en finissant par les plus nobles parties du corps. Quelles affreuses douleurs doit éprouver le patient qu'on tue ainsi en détail! M. Cornay subit cette sentence le 20 septembre 1837;

seulement le mandarin qui présidait à l'exécution fit trancher la tête au condamné avant de couper son corps par morceaux.

En 1838, les deux évêques dominicains du Tonking oriental, Mgr Ignace Delgado, évêque de Mellipotame, vicaire apostolique, et Mgr Dominique Hénarès, évêque de Feissete, son coadjuteur, eurent la tête tranchée. Trois Pères espagnols du même ordre subirent quelque temps après le même supplice. Le P. Jaccard, missionnaire français, depuis longtemps éprouvé par l'exil et par la prison, fut condamné à mort et étranglé le 21 septembre 1838. M. Borie, au moment où il venait de recevoir la nouvelle de son élection à l'évêché d'Acanthe et au vicariat apostolique du Tonking occidental, fut condamné à mort et eut la tête tranchée le 24 novembre 1838. M. Retord fut nommé à sa place au même évêché et au même vicariat apostolique, qu'il administrait encore à l'arrivée de notre expédition en Cochinchine. Mgr Cuenot, évêque de Métellopolis, avait succédé à Mgr Taberd, dont il était coadjuteur, en qualité de vicaire apostolique de la Cochinchine orientale. En même temps la basse Cochinchine fut érigée en vicariat apostolique, dont le premier titulaire fut Mgr Dominique Lefebvre, évêque d'Isauropolis. On voit que chaque église de Cochinchine, malgré la persécution, voyait ses pasteurs se succéder assez régulièrement, et l'on pouvait dire de ces courageux prélats, dont le poste était si périlleux : *Uno avulso non deficit alter.*

Enfin le tyran Minh-mang mourut le 20 janvier 1841. Le 10 février suivant, son fils aîné lui succéda sous le nom de Thieu-tri. Les chrétiens avaient espéré que la mort du tyran serait pour eux et pour la religion le commencement d'une ère plus heureuse et plus tranquille. Mais leur espoir, comme nous le verrons bientôt, ne tarda pas à être trompé ; seulement le pavillon protecteur de la France, si longtemps absent de ces parages, va commencer à s'y montrer et à relever le courage de nos compatriotes et de nos coreligionnaires.

CHAPITRE V

Règne de Thieu-tri, successeur de Minh-mang. — Renouvellement des persécutions contre les chrétiens. — Apparition de la frégate française *l'Héroïne* dans le port de Touranne. — Le capitaine se fait remettre cinq missionnaires français détenus dans les prisons sous le poids d'une condamnation à mort. — Ordre donné par le gouvernement français aux commandants de nos forces navales dans les mers de l'Inde, de protéger les missionnaires français contre les persécutions des Cochinchinois. — L'amiral Cécille fait rendre la liberté à Mgr Lefebvre, détenu à Saï-gôn. — Arrivée des corvettes françaises *la Gloire* et *la Victorieuse*. — Négociations du commandant Lapierre avec le roi pour obtenir le libre exercice de la religion. — Préparatifs secrets des Annamites pour surprendre les navires français, s'en emparer et en massacrer les équipages. — Attaque de la flotte cochinchinoise par les Français; destruction des jonques de guerre. — Fureur de Thieu-tri. — Nouvel édit contre les missionnaires et contre les Français. — Mort de ce prince. — Son fils Tu-duc lui succède. — Nouvel édit de persécution à l'occasion de la révolution de 1848. — Tentatives faites en 1856 par l'empereur Napoléon III pour établir des relations avec le roi de Cochinchine. — Mépris avec lequel les mandarins reçoivent les lettres de l'empereur. — Démonstration vigoureuse du commandant du *Catinat* à cette occasion. — Soumission apparente des mandarins. — Erreur dans laquelle on est souvent tombé par suite de ces démonstrations hypocrites. — Rapport d'un grand mandarin sur les moyens de mettre l'empire annamite à l'abri des attaques des étrangers.

Pendant la première année de son règne, Thieu-tri s'abstint de tout acte de persécution contre les chrétiens. On commençait à croire, comme nous l'avons dit, à un changement complet dans la politique du gouvernement, quand vers le milieu de l'année 1842, la persécution se réveilla avec une nouvelle fureur. Un prêtre tonkinois fut le premier martyr de cette nouvelle persécution; il fut mis à mort le 11 juillet 1842. Cet acte du nouveau monarque dissipa les illusions que les chrétiens s'étaient faites sur les dispositions de ce prince à leur égard. Bientôt de nombreuses arrestations eurent lieu, soit parmi les chrétiens indigènes, soit parmi les missionnaires européens. Cinq de ces derniers, MM. Charrier, Galy, Berneux, Duclos et Miche, après avoir langui pendant plusieurs mois dans les prisons de Hué, la capitale, furent condamnés à mort au mois de novembre 1842; l'empereur confirma la sentence, mais on ajourna l'exécution jusqu'à nouvel ordre. Ce retard n'était point un acte de clémence de la part du tyran; il n'avait au contraire pour but que de prolonger les souffrances des confesseurs de la foi, jusqu'au moment où il leur ferait subir le dernier supplice.

Sur ces entrefaites, une frégate française, *l'Héroïne*, capitaine Lévêque, vint mouiller dans la baie Touranne, le 25 février 1843. Aucun navire de guerre français n'avait paru dans ces parages depuis la frégate commandée par M. de Bougainville, qui avait éprouvé un refus si humiliant de la part du gouvernement cochinchinois. A cette époque, la persécution contre les chrétiens n'avait pas encore éclaté, ce qui explique peut-être l'indifférence que le gouvernement français mit à exiger une réparation de la conduite insultante tenue par le gouvernement annamite envers un envoyé du roi de France; d'un autre côté, Charles X, occupé de la guerre d'Alger et des grands intérêts qui s'agitaient alors en France, n'avait guère le temps de demander raison d'un manque d'égards envers lui de la part d'un souverain situé à cinq mille lieues de ses états ; mais il n'est pas douteux qu'il eût protégé de tous ses moyens les chrétiens persécutés dans ces contrées, s'il eût encore été au pouvoir. Malheureusement la révolution de 1830, en ôtant au vainqueur d'Alger la faculté de défendre les chrétiens de l'extrême Orient, fut peut-être une des causes qui encouragèrent Minh-mang dans l'exécution de ses projets contre la religion. En effet, ce monarque, en apprenant le renversement du trône du frère de ce roi qui avait traité avec son père, et qui seul, pensait-il, pouvait prendre quelque intérêt à ce qui se passait dans l'empire d'Annam, crut pouvoir impunément se livrer à ses projets contre la religion chrétienne ; et nous voyons effectivement que ce n'est qu'à partir de 1832, que la persécution prit un caractère de plus en plus menaçant, et qu'elle ne fit qu'aller en augmentant, parce que l'on croyait le nouveau gouvernement français peu disposé ou incapable de soutenir ses nationaux.

L'apparition de la frégate *l'Héroïne* dérangea un peu ces calculs. Le commandant apprit, par hasard, que cinq missionnaires français étaient détenus dans les prisons de Hué, sous le poids d'une condamnation à mort. Quoiqu'il n'eût point d'ordre de son gouvernement pour exiger leur élargissement, le digne commandant prit sur lui la responsabilité de les réclamer comme compatriotes injustement opprimés. Le mandarin et l'interprète que l'empereur, sur la demande du capitaine, avait envoyés à bord, commencèrent par nier qu'il y eût des Français dans le pays, protestant que, s'il en existait en Cochinchine, on les rendrait volontiers. Mais les informations du capitaine étaient précises, et tous les démentis du mandarin furent inutiles. En vain celui-ci offrit-il, pour preuve de sa bonne foi, d'approvisionner la frégate de vivres frais, « Je n'en ai pas besoin, répondit le commandant, j'ai des vivres à mon bord pour six mois ; il ne me manque que les cinq missionnaires : qu'on me les rende ce soir, je pars demain ; autrement, je resterai six mois, et alors nous verrons. »

On fit encore des difficultés à transmettre à Thieu-tri une pareille demande, parce que cette hardiesse coûterait la vie au mandarin. « Eh bien, j'irai moi-même, reprit le commandant, et dans deux jours ma frégate sera mouillée en vue de la capitale. »

Le mandarin, effrayé par la fermeté de ce langage, se décida enfin à envoyer une lettre du capitaine adressée à l'empereur ; elle produisit son effet. Les prisonniers furent remis en liberté, et conduits, sous escorte, au port de Touranne.

Le même jour, 12 mars 1843, Thieu-tri publia une ordonnance adressée à tous les tribunaux et mandarins de l'empire, dans laquelle, cherchant à pallier un acte dont son orgueil était vivement froissé, il annonçait que le roi de France, informé des charges qui pesaient sur les cinq prisonniers, avait envoyé *un de ses mandarins barbares* supplier humblement l'empereur d'Annam de leur faire grâce.

M. Lévêque alla à la rencontre des prisonniers, à la tête de son état-major en grande tenue, et escorté d'une partie de son équipage sous les armes. Tandis que les prisonniers s'avançaient vers le rivage, entre une double haie de soldats, une foule immense, composée de païens et de néophytes, assistait silencieuse, étonnée, à leur délivrance.

Cependant le gouvernement français, instruit des cruautés exercées par les Cochinchinois contre les missionnaires français, donna ordre aux commandants des bâtiments de guerre naviguant dans ces parages, de protéger nos nationaux. Au mois de novembre 1844, Mgr Lefebvre, évêque d'Isauropolis, premier vicaire apostolique de la basse Cochinchine, fut arrêté et détenu dans les prisons de Saï-gôn. Le contre-amiral Cécille, commandant les forces navales françaises dans les mers de l'Inde et de la Chine, écrivit aussitôt à l'empereur Thieu-tri, pour obtenir la liberté de ce prélat et la cessation des cruautés auxquelles les chrétiens étaient en butte. Au mois de mai 1845, Mgr Lefebvre fut remis au commandant d'une frégate française que l'amiral Cécille avait envoyée à cet effet sur les côtes de Cochinchine.

Ces démonstrations de la protection qu'accordaient aux chrétiens nos forces navales dans ces mers, produisirent un effet salutaire. La persécution, sans cesser entièrement, se montra moins ardente. Sur les cinq missionnaires délivrés par l'*Héroïne*, trois rentrèrent bientôt dans l'empire d'Annam, et furent reçus publiquement et comme en triomphe par les populations chrétiennes, sous les yeux des païens, et au su des magistrats, qui gardèrent le silence.

Mgr Lefebvre rentra aussi dans son vicariat apostolique l'année suivante; mais il fut presque aussitôt arrêté, conduit à Hué et condamné. Seulement Thieu-tri, craignant que quelque navire européen ne vînt le réclamer, le fit embarquer sur une de ses jonques et conduire à Singapour, au mois d'avril 1847.

Au mois de mars de cette même année 1847, deux corvettes françaises, *la Gloire* et *la Victorieuse*, parurent devant le port de Touranne. Le commandant Lapierre voulait réclamer auprès de l'empereur le libre exercice de la religion; mais, après l'avoir amusé pendant près d'un mois sans lui donner de réponse, Thieu-tri fit des préparatifs secrets pour surprendre les navires français, les incendier et massacrer les équipages. Le commandant français, instruit de cette perfidie, fit, dans le plus grand secret, tous les préparatifs nécessaires pour une vigoureuse résistance ; il ordonna le branle-bas de combat sur les deux bâtiments, et les canonniers à leurs pièces attendirent, dans le plus profond silence, le signal de faire feu. Bientôt une vingtaine de navires de guerre cochinchinois s'avancèrent pour entourer et brûler nos vaisseaux. Quand leurs mouvements et leurs intentions se furent clairement dessinés, le commandant donna le signal, et une décharge épouvantable de notre artillerie vint jeter le désordre et la confusion dans la flotte annamite. Rien ne déconcerte plus un ennemi que de se voir surpris quand il croyait surprendre. Les Cochinchinois voulurent en vain essayer quelque résistance, le feu des corvettes françaises les eut bientôt réduits au silence. En une heure à peine de combat, cinq grandes jonques de guerre furent détruites, coulées ou brûlées par notre artillerie. Une partie des équipages périt dans les flammes ou se noya dans les flots, malgré le secours de nos chaloupes, qui s'empressèrent, après le combat, d'aller au secours des pauvres Cochinchinois qui s'étaient jetés à l'eau. Cette conduite donna aux indigènes une grande idée de la modération autant que de la force des Français. — Le lendemain, le commandant Lapierre mit à la voile et s'éloigna des côtes de Cochinchine.

Quelques personnes ont blâmé le commandant Lapierre d'avoir mis peut-être trop de précipitation dans son attaque contre la flotte annamite, et de n'avoir pas tenté, par tous les moyens possibles, d'éviter un conflit d'autant plus regrettable, qu'il n'était pas en mesure d'y donner suite, et qu'en quittant précipitamment, dès le lendemain, la baie de Touranne, il abandonnait nos missionnaires à toute la fureur de la vengeance qui devait animer le tyran annamite.

Nous ne sommes pas en mesure de constater si ces reproches sont plus ou moins fondés ; il faudrait pour cela avoir des détails plus circonstanciés sur la nature du complot formé par les Annamites contre nos vaisseaux, et de plus connaître les instructions données au commandant Lapierre. Quoi qu'il en soit, cet événement excita l'irritation de Thieu-tri jusqu'à la rage. Il commença par faire couper la tête aux officiers échappés à l'affaire de Touranne ; puis il déchargea sa haine contre la religion en lançant un nouvel édit par lequel il remettait en vigueur tous les décrets de Minh-mang, son père ; de sorte que les missionnaires, qui avaient joui pendant quelque temps d'une entière tolérance, furent de nouveau contraints de se cacher. Le 6 juin, il rendit un décret pour défendre à tout Français de mettre le pied sur le sol annamite ; et s'ils violaient la défense, chacun devait leur courir sus et les tuer comme des bêtes fauves. Mais au moment où Thieu-tri se flattait d'en finir avec la religion chrétienne, en marchant dignement sur les traces de son père, il fut attaqué d'une maladie mortelle à laquelle il succomba dans la nuit du 3 au 4 novembre 1847.

Le second de ses fils, nommé Nhâm, âgé de dix-neuf à vingt ans, le remplaça sur le trône et prit le nom de Tu-duc (postérité vertueuse). C'est ce prince qui règne encore aujourd'hui.

Comme à la mort de Minh-mang, les chrétiens avaient espéré, après la mort de Thieu-tri, qu'ils auraient enfin la paix. Les premiers mois du règne de Tu-duc semblèrent même confirmer ces espérances. Le bruit courut qu'il s'était fait apporter les annales du règne de Giâ-long, qu'il avait lu tous les services rendus à sa famille par l'évêque d'Adran, et qu'il avait témoigné les dispositions les plus favorables pour les *enfants du grand maître* (c'est ainsi que les Cochinchinois appellent souvent les Français). Mais, hélas ! les chrétiens prenaient encore une fois leurs désirs pour des espérances fondées; jusqu'à la fin de juin 1848, ils jouirent d'assez de tranquillité; mais vers cette époque, des espions envoyés à Singapour pour s'informer si des navires de guerre français n'avaient pas paru dans ces parages, et quelques élèves interprètes que l'empereur entretient dans cette ville pour apprendre les langues étrangères, arrivèrent à la capitale et apportèrent la nouvelle de la révolution éclatée en France au mois de février précédent.

Les grands mandarins profitèrent de cet événement pour persuader à l'empereur de saisir l'occasion pour exterminer la religion chrétienne une fois pour toutes ; « car, disaient-ils, maintenant que tout est bouleversé en Europe, personne ne songera à venir faire la guerre à l'empire d'Annam. » Le jeune prince, dont la couronne n'était pas encore bien affermie, fut obligé de faire céder ses bonnes dispositions pour les chrétiens, s'il en avait, aux exigences des grands mandarins qu'il redoutait. En conséquence, il fit publier au mois de juillet 1848 un édit, dont voici les principales dispositions : « La religion de Jésus, déjà proscrite par les empereurs Minh-mang et Thieu-tri, est évidemment une religion perverse. (Suit l'énumération ou plutôt la répétition des reproches adressés à la religion par les édits antérieurs.)

» En conséquence : 1° Les maîtres européens de cette religion, qui sont les plus coupables, doivent être jetés à la mer avec une pierre attachée au cou. Une récompense (évaluée à trois mille francs) sera donnée pour chacun de ceux qu'on pourra prendre.

» 2° Les maîtres annamites de la religion seront, s'ils refusent d'apostasier, marqués à la figure et exilés sur les montagnes dans les endroits les plus malsains.

» 3° Les gens du peuple, après une sévère correction, seront renvoyés à leurs familles. »

Le même édit prohibe tout commerce avec les Européens.

Pendant les premières années qui suivirent la révolution de 1848, le gouvernement français ne put s'occuper des affaires de l'extrême Orient. Enfin, en 1856, l'empereur Napoléon III tenta de nouer des relations amicales avec le gouvernement annamite, et il chargea M. Lelieur de la Ville-sur-Arce, commandant de la corvette *le Catinat*, de porter une lettre qu'il adressait à l'empereur Tu-duc, pour cet objet. En conséquence *le Catinat*, escorté de la corvette *la Capricieuse*, capitaine Collier, fit voile pour la Cochinchine, et arrivait devant Touranne dans le courant de septembre 1856.

Les mandarins de Touranne et ceux de Hué, la capitale, auxquels le commandant Lelieur avait présenté la lettre de Napoléon III pour la faire parvenir à leur souverain, non-seulement refusèrent cette lettre avec hauteur, mais ils la jetèrent sur le rivage avec toute espèce de démonstrations de mépris.

En même temps, les forts, les batteries qui avaient été élevées à Touranne depuis l'affaire de la *Gloire*, commandée par M. Lapierre, dont nous avons parlé plus haut, se garnissaient à vue d'œil d'hommes armés, et tous les préparatifs les plus hostiles étaient faits avec empressement contre le *Catinat.*

Le commandant de cette corvette crut prudent de prendre les devants. Il fit rapidement débarquer à terre un petit détachement de soldats d'infanterie de marine, commandés par M. Bouët, et quelques marins, qui, d'un coup d'obusier, défoncèrent la porte du port principal; ils enclouèrent ensuite les canons, noyèrent la poudre, et retournèrent tranquillement à bord sans paraître faire attention aux coups de canon et aux feux de mousqueterie, assez bien nourris cependant, qui partaient des batteries, des forts et des buissons environnants. On encloua une soixantaine de pièces qui étaient en beau bronze et fabriquées dans le pays.

« La vigueur et la modération dont nos marins ont fait preuve en cette circonstance, écrit une personne qui faisait partie de cette expédition, ont amené le plus complet revirement dans l'esprit des Cochinchinois, si mal disposés jusqu'alors pour nous. Leurs mandarins sont venus faire les plus humbles excuses au commandant du *Catinat*; ils les ont renouvelées au commandant Collier, qui venait d'arriver à Touranne avec la *Capricieuse*; ils avouent qu'ils ont été d'une insigne insolence, et demandent humblement pardon au grand empereur des Français.

» La lettre si dédaigneusement refusée d'abord est aujourd'hui acceptée avec reconnaissance et transportée à la capitale avec force témoignages de respect et la pompe habituelle. Les provisions arrivent en foule à bord de nos bâtiments, et les Cochinchinois ne reviennent pas de notre exactitude à leur en payer le prix. Ils s'étonnent que des gens si forts soient en même temps si justes et si bons.

» Bref, l'effet produit par cette petite démonstration, qui ne nous a pas coûté un seul homme, et où les Cochinchinois n'ont eu que quelques blessés, est excellent. *Nos relations avec les Cochinchinois sont des meilleures, et notre influence ici n'a plus rien à désirer.* Nos pauvres missionnaires et leurs adeptes en profiteront, car on n'osera plus les maltraiter si facilement à l'avenir. » (Correspondance particulière du *Moniteur de la flotte.*)

Cette appréciation du correspondant du *Moniteur de la flotte* sur les dispositions du gouvernement annamite à notre égard a été malheureusement et trop longtemps partagée par la plupart des commandants de nos forces navales dans ces contrées. On croyait qu'en déployant un certain appareil de force mêlée de modération, cela suffirait pour intimider les chefs de ces peuples à demi barbares, changer leurs dispositions malveillantes et assurer notre influence sur eux; on croyait à leurs démonstrations apparentes de soumission, à leurs protestations hypocrites, et dès que nos navires de guerre s'étaient éloignés, dès qu'ils se croyaient à l'abri du danger, au moins pour un certain temps, ils recommençaient leurs vexations contre nos missionnaires et ne rêvaient qu'aux moyens d'empêcher à l'avenir notre marine militaire de venir les protéger.

A peine le *Catinat* et la *Capricieuse* avaient-ils quitté la baie de Touranne, que l'empereur Tu-duc songea aux moyens d'empêcher le retour de visites de cette nature, et à mettre de toutes parts ses frontières de terre et de mer à l'abri d'une invasion étrangère. Il paraît qu'il consulta ses grands mandarins réunis en conseil; une commission fut nommée pour examiner cette grande question, et l'un des membres, nommé rapporteur, adressa au roi un long mémoire divisé en deux parties.

La première traite des moyens les plus efficaces d'arriver

à la suppression de la religion chrétienne, et fait voir la haine portée à nos missionnaires et à nos coreligionnaires. La seconde partie a trait à la défense du royaume ; elle révèle les appréhensions du gouvernement annamite d'une attaque par les Cambogiens, et la terreur que lui inspirent *les barbares* (les Français).

Voici quelques extraits de cette seconde partie :

« Pour nous prémunir contre les invasions des Cambogiens, il faut garder avec soin nos frontières en les garnissant de forts qui en défendent l'entrée. Les Cambogiens sont nos tributaires, mais ce sont des barbares inconstants et légers auxquels on ne peut se fier, surtout maintenant qu'ils bâtissent des églises et reçoivent la doctrine des barbares européens, qui les exercent dans la manière de faire la guerre ; nous prémunir contre eux et les Européens est donc une chose prudente et nécessaire... » Suivent de longs détails pour indiquer les moyens à employer pour préserver les frontières de l'ouest des invasions des Cambogiens ; puis il passe aux moyens d'empêcher les attaques des Européens :

« En troisième lieu, nous disons que pour arrêter les entreprises des barbares d'Europe, il faut multiplier les périls près de nos côtes pour leur ôter la possibilité d'en approcher. Ces barbares sont d'un caractère très-ferme et très-patient ; les œuvres qu'ils n'ont pu achever, ils les lèguent à leurs descendants pour les conduire à la dernière perfection ; les projets qu'ils n'ont pas eu le temps de réaliser, ils les laissent aux âges suivants, qui les mènent à bonne fin. Ils n'abandonnent aucune entreprise et ne se découragent par aucune difficulté. C'est là ce qui doit faire le sujet de notre plus grande inquiétude. Ces barbares vont dans tous les royaumes sans redouter aucune fatigue ; ils soudoient les peuples sans regretter aucune dépense. Quelle est leur intention en cela, sinon de s'emparer des pays qui les reçoivent et de les infester de leur doctrine perverse ? c'est là le seul but de toutes leurs ruses. Il ne convient donc pas de les laisser s'établir dans notre pays ; il faut au contraire leur en fermer sévèrement l'entrée.

» Avec ce système de sévère défense, bien peu de prêtres de la religion de Jésus oseront venir clandestinement ici ; quelques-uns seulement s'aventureront à avoir des communications secrètes avec les descendants des anciens chrétiens qu'ils cherchent à instruire pour en faire des prêtres comme eux. Pour cela, ils leur font des largesses pécuniaires, et ils les envoient ensuite dans les villages exhorter les sectateurs de leur mauvaise doctrine, afin de les dominer et de s'en faire des partisans qui leur seront dévoués de cœur et n'obéiront au roi qu'en apparence.

» Cependant il paraît que ces barbares, voyant que leur entrée ici est strictement prohibée, qu'ils peuvent difficilement employer leurs artifices et leur habileté parmi nous, se sont dernièrement tournés vers les Cambogiens, chez lesquels ils ont appris qu'ils pourront plus facilement faire des dupes ; ils y enseignent l'art des armes pour gagner la confiance du roi (de Camboge) et font des largesses au peuple pour se l'attacher ; ils ignorants y bâtissent des maisons où ils enseignent leur religion, que les embrassent à l'envi.

» Dernièrement ils sont venus à la baie de Touranne avec des navires (allusion à la visite du *Catinat* et de la *Capricieuse*) ; ils ont fait semblant de demander la liberté du commerce, mais, dans le fond, c'était le moyen de propager sourdement leurs monstrueuses erreurs, qu'ils voulaient avoir ; ils s'inquiètent peu du commerce, mais, sous ce spécieux prétexte, ils veulent avoir la facilité d'enfreindre les lois de l'empire. Voilà ce qu'il faut attentivement considérer, voilà ce dont nous devons nous garder avec soin.

» Tel est le point principal à observer pour un bon gouvernement, tant à l'intérieur qu'à l'extérieur. Votre Majesté est comme le soleil et la lune, qui réchauffent et éclairent de près et de loin ; elle connaît les précautions à prendre à l'intérieur comme à l'extérieur pour le bon gouvernement des barbares et des peuples civilisés ; elle sait que les vues des barbares d'Europe sont toutes pour la propagation de leur mauvaise religion. Tantôt ils s'en vont, tantôt ils reviennent. Ne prendre aucune mesure de précaution contre eux serait certes une bien grande imprudence.....

» Si nous n'avons pas des moyens supérieurs pour réprimer leurs entreprises criminelles, nous devons au moins tâcher de nous en procurer de passables. Si nous laissons ces barbares pénétrer dans nos ports avec leurs navires, il nous sera bien difficile de les en expulser ensuite. Il faut donc leur en rendre l'entrée impossible ; c'est là ce que nous avons de mieux à faire. Jusqu'à présent on n'a jamais vu les barbares oser pénétrer un peu au loin avec leurs navires dans l'intérieur de nos fleuves. La seule inspection topographique les arrête.

» S'ils osaient le faire, nous trouverions facilement, selon les circonstances, les moyens de les arrêter avant qu'ils aient eu le temps de s'avancer au loin dans l'intérieur. Le danger n'est donc pas là ; il est dans la baie de Touranne, qui, par son étendue, permet aux navires d'y voguer facilement, et qui, par les montagnes dont elle est entourée, leur offre un ancrage propre à l'abri des flots et des vents. Aussi les barbares d'Europe osent souvent y pénétrer et y rester longtemps à l'ancre, sans tenir aucun compte des défenses de Sa Majesté.

» De plus cette baie est près de la route royale, près des habitations du peuple; elle est au flanc de la capitale : *elle est donc la clef du royaume;* c'est l'endroit le plus exposé aux dangers du dehors. Aussi les barbares d'Europe désirent beaucoup en avoir la possession ; si nous ne leur en fermons pas l'entrée, comment les en chasserons-nous s'ils ne veulent pas en sortir de bon gré lorsqu'ils y auront pénétré? Ces hommes, semblables par leurs mœurs aux chèvres et aux chiens, ne peuvent pas être persuadés par le langage de la raison; leur raison, à eux, c'est la voix du canon.

» Mais dans l'art de faire parler le canon, ils sont extrêmement habiles. Nous ne pouvons pas espérer de les surpasser. De plus, nos forts peuvent tout au plus défendre l'abordage des terres, et eux se tiennent au loin au milieu de l'eau, où ils semblent voler comme des oiseaux de proie qui attendent le faible passereau. Comment les atteindre? Les choses étant ainsi, que faire? Leur livrer bataille? nos soldats seront écrasés sans aucun bon résultat. Nous soumettre à eux sans opposer la moindre résistance? cela ne convient nullement.

» Il ne faut donc pas faire la paix avec eux, il ne faut pas non plus leur livrer bataille, mais nous tenir sur la défensive, et pour cela nous environner de difficultés et de périls. C'est là ce qui convient le mieux pour nous. Dans le livre de Dieh, on voit que ce système a été mis en pratique autrefois par les anciens rois.

Ce même système pourra encore nous préserver contre les agressions des barbares de l'Ouest, bien plus efficacement que la grande muraille élevée jadis par les *Tang* n'a mis la Chine à couvert contre les attaques de l'ennemi.

» Il est vrai, l'entrée de la baie de Touranne est large, il paraît bien difficile de l'obstruer ; néanmoins, comme l'eau n'y est pas très-profonde, comme les matériaux nécessaires pour cela se trouvent en abondance sur le versant des montagnes qui s'élèvent de chaque côté, on voit qu'avec du courage et de la bonne volonté cet ouvrage peut se faire, et que, sans être facile, il ne sera pas non plus d'une très-difficile exécution.

» Il faut donc charger le grand mandarin de la province de Quann-nann de faire au plus tôt commencer les travaux, qui consisteront en une jetée depuis le bas de l'île Duyen-tui, où l'eau est peu profonde.

» Cette jetée s'avancera au travers de l'entrée de la baie, jusqu'aux endroits les plus profonds, où l'on accumulera des monceaux de pierres et de terres tirées des flancs de la montagne en face, et qui formeront, par leurs replis tortueux, comme la figure d'un immense serpent caché sous l'eau. Par là, l'entrée de la baie sera resserrée et son fond sera élevé.

» On ne laissera qu'un étroit passage à portée des canons de la citadelle Haï-daï, et, pour aider cette citadelle à repousser les navires européens qui s'avanceraient près de la terre où elle est située, on élèvera à sa droite et à sa gauche plusieurs forts garnis de canons, dont la portée mesurée d'avance pourra aller les atteindre. Quand arriveront les navires européens, le gardien de la baie les avertira que l'entrée leur est défendue ; qu'ils aillent, s'ils le veulent, jeter l'ancre au delà de la pointe de l'île Dao-ma. S'ils s'avancent vers la baie pour faire de l'eau ou du bois, on leur intimera l'ordre de s'arrêter en dehors de la portée des canons, et le gardien leur fournira l'eau et le bois nécessaires ; et, après un jour ou deux, il leur ordonnera de repartir au plus tôt.

» Quant à ceux qui mépriseront ces avertissements et qui, faisant les braves, entreraient dans l'intérieur de la baie, comment oseront-ils y rester longtemps quand ils auront vu l'aspect formidable de nos moyens de défense ? Et si, par une orgueilleuse bravade, ils en venaient à cet excès d'audace, les canons de nos forts les auraient bientôt mis à la raison ; nous pourrons facilement les prendre et les punir selon leurs mérites.

» L'ouvrage proposé sera très-considérable, les soldats seuls ne suffiront pas pour l'exécuter ; alors on louera le peuple de la province pour aider à le faire, et, si cela ne suffit pas encore, on y emploiera la population des provinces voisines.

» Si cette œuvre ne peut être terminée dans un mois, on y travaillera une année, et même plusieurs si cela est nécessaire. L'important est qu'elle se fasse, quels que soient le temps, la peine et les dépenses qu'elle pourra exiger. Après ce travail, l'entrée de la baie se rétrécira et son fond s'élèvera de plus en plus. Les canons de nos forts, pour la garde de la baie, ne porteront plus des coups inutiles. Nos soldats, dans le besoin, auront des ressources pour une forte résistance.

» Ils auront un abri pour jouir de quelque repos, car il leur sera facile de garder des lieux de si difficile accès pour l'ennemi. Les barbares d'Europe n'oseront plus s'aventurer ici.

» Par ces travaux, la capitale sera grandement renforcée et

anoblie, et les chrétiens annamites, n'ayant plus d'espérance d'être secourus par les Européens, pourront facilement être forcés d'abandonner leur mauvaise religion pour embrasser la bonne. Sans cela, quelles peines et quelles inquiétudes n'auront pas nos soldats pour arrêter les projets des barbares d'Europe contre nous? Il faut donc exécuter ce travail sans en désemparer jusqu'à son entière terminaison, dussions-nous y employer plusieurs années; autrement, nous ne serons jamais tranquilles. C'est un grand travail qui exigera de fortes dépenses ; mais il est absolument nécessaire.

» Dixième année du règne de Tu-duc, le 3 de la 5ᵉ lune (20 mai 1857). »

Ces travaux furent exécutés avec activité; les Cochinchinois, désormais tranquilles derrière ces formidables défenses dont l'aspect seul devait jeter la terreur chez les Européens qui auraient l'audace de s'aventurer dans la baie de Touranne, se crurent parfaitement à l'abri de leurs attaques, et ils recommencèrent de plus belle à persécuter les chrétiens. Ce fut vers cette époque que Mgr Diaz, évêque d'origine espagnole, et vicaire apostolique du Tonking oriental, fut mis à mort par l'ordre de l'empereur Tu-duc. Enfin, le gouvernement français, comprenant que le système des expéditions partielles et momentanées était insuffisant pour obtenir une satisfaction sérieuse d'un gouvernement astucieux et de mauvaise foi, résolut de frapper un coup décisif, et d'occuper d'une manière permanente un point du territoire annamite, afin de pouvoir de là veiller avec efficacité sur les intérêts de la religion et de notre commerce dans ces parages.

CHAPITRE VI

Note du *Moniteur* servant en quelque sorte de manifeste relatif à l'expédition commandée par l'amiral Rigault de Genouilly contre la Cochinchine. — Rapport de cet amiral sur l'occupation des forts et de la presqu'île de Touranne, au commencement de septembre 1858. — Effet produit sur le gouvernement annamite par cette occupation. — Reconnaissance opérée dans la rivière de Touranne. — Destruction de quelques batteries et des barrages de la rivière. — Affaires du 20 et du 21 décembre. — Expédition contre Saï-gôn. — Détails sur cette ville et sur la province. — Détails sur la prise des forts et de la citadelle de Saï-gôn. — Retour de l'amiral Rigault à Touranne après avoir laissé une garnison à Saï-gôn. — Affaire du 8 mai contre les fortifications élevées par les Cochinchinois dans la baie de Touranne pendant l'absence de l'amiral. — Phase critique de l'expédition de Cochinchine. — Propositions de traiter faites par le gouvernement annamite. — Négociations. — Demandes adressées au nom de la France par l'amiral. — Les négociations traînent en longueur. — Fixation du 7 septembre, par l'amiral, comme dernier terme pour l'acceptation de ses propositions. — Rupture des négociations. — Reprise des hostilités le 15 septembre 1859. — Remplacement de l'amiral Rigault de Genouilly par le contre-amiral Pages. — Ajournement des opérations en Cochinchine pendant la campagne de Chine. — Travaux immenses entrepris pendant ce temps par les Cochinchinois. — Après la campagne de Chine, le vice-amiral Charner est chargé du commandement de l'expédition contre l'empire d'Annam. — Prise des lignes de Ki-hoa (les 24 et 25 février 1861). — Curieux détails. — Prise de la citadelle de Mitho. — Projet d'un établissement colonial à Saï-gôn.

Une note, qui parut au *Moniteur* du 14 novembre 1858, fit connaître à cette époque la cause et le but de l'expédition dirigée contre la Cochinchine. Voici le texte de ce document :

« La France a vainement tenté, depuis le commencement de ce siècle, de renouer des rapports avec la Cochinchine. Les rigueurs impitoyables dont nos missionnaires ont été constamment l'objet ont souvent amené nos bâtiments de guerre sur les côtes du royaume annamite, mais sans que leurs efforts pour entrer en relation avec le gouvernement cochinchinois et pour obtenir des atténuations à ses violences habituelles aient eu le moindre résultat. En 1856, le gouvernement de l'Empereur a chargé un agent spécial de se rendre à Touranne, et de faire une nouvelle tentative pour vaincre l'aveugle obstination de la cour d'Annam; cet agent ne fut même pas admis à débarquer, et il dut s'éloigner sans avoir pu faire parvenir à Hué le message dont il était porteur.

» Ces procédés furent suivis d'une nouvelle persécution plus rigoureuse encore que les précédentes, dirigée contre les missionnaires, et un évêque, Mgr Diaz, fut mis à mort, après avoir été livré aux plus affreux tourments. Le gouvernement de l'Empereur ne pouvait permettre que ses ouvertures fussent rejetées avec tant de hauteur ni que sa sollicitude fût une cause de persécution : une expédition fut résolue.

» Le gouvernement espagnol, qui avait des griefs analogues, s'est empressé de concourir au but de l'expédition dont le commandement a été confié à M. le vice-amiral Rigault de Genouilly, en mettant à sa disposition un régiment de Manille et deux navires de guerre. »

En même temps la feuille officielle publiait le rapport qui faisait connaître les premiers résultats de l'expédition, qui avaient eu pour effet l'occupation des forts et de la presqu'île de Touranne. Ce rapport, adressé au ministre de la marine, est daté de la baie de Touranne, le 17 septembre 1858 ; en voici le texte :

« Monsieur le ministre,

» J'ai l'honneur de vous annoncer que les ordres de l'Empereur sont exécutés en ce qui concerne la prise des forts de Touranne et leur occupation.

» Partie de Yu-li-kan dans la matinée du 30 août, la division navale française, à laquelle s'était joint l'aviso à vapeur espagnol *el Cano*, armé de deux pièces de 16, et qu'avait rallié quelques jours auparavant *la Dordogne*, portant un corps de 450 hommes de troupes des Philippines, a mouillé à Touranne dans la soirée du 31 du même mois.

» Le lendemain matin, 1er septembre, après avoir sommé par écrit le gouverneur des forts de me les remettre, et lui avoir donné deux heures pour obtempérer à cette sommation, qui est restée sans réponse, j'ai attaqué à la fois tous les ouvrages qui battent le mouillage et les deux forts construits (autrefois) par des ingénieurs français, qui défendent l'entrée de la rivière. Tous les capitaines, particulièrement le capitaine Reynaud, ont parfaitement manœuvré pour prendre les positions qui leur avaient été assignées. Une fois à portée et montre en main, les deux heures accordées aux Cochinchinois expirées, le pavillon national hissé au grand mât de *la Némésis* fut le signal à tous les bâtiments d'ouvrir le feu. Le pavillon espagnol fut arboré en même temps au mât de misaine.

» Au bout d'une demi-heure d'une vigoureuse canonnade, dont tous les coups bien dirigés avaient porté, le feu des forts qui défendent le mouillage était éteint. Les compagnies de débarquement de la *Nemésis*, du *Phlégéton*, du *Primauguet*, et la demi-compagnie du génie, jetées immédiatement à terre sous le commandement du capitaine de vaisseau Reynaud, les escaladaient et les enlevaient aux cris de *Vive l'Empereur!* Je marchais avec cette colonne. Peu après, les troupes françaises et espagnoles descendaient à terre, et je les formais en bataille en avant et à la proximité des forts. Pendant que cette action se passait au mouillage des grands bâtiments, trois de nos canonnières, *la Mitraille*, *la Fusée*, *l'Alarme*, et l'aviso à vapeur espagnol *el Cano*, canonnaient les forts de l'entrée de la rivière. L'un de ces forts, celui de l'Est, sautait une demi-heure après le commencement de l'attaque, sous les coups de nos boulets rayés, avec un terrible fracas; la courtine contiguë au magasin à poudre, enlevée tout entière, était projetée dans le fossé. Après être venu reconnaître moi-même, sous l'escorte d'une compagnie de chasseurs espagnols, un emplacement convenable pour un camp sur la partie plate de la presqu'île, à proximité du fort de l'est, j'y fis établir dans la soirée toutes les troupes françaises sous le commandement du lieutenant-colonel Reybaud, et le bataillon espagnol, commandé par le colonel Oscaritz. Des compagnies de débarquement, détachées du bataillon de marins et placées sous le commandement supérieur du capitaine de frégate Ribourt, occupèrent les ouvrages principaux.

» Dans la nuit du 1er au 2 septembre, le commandant Reynaud, assisté du sous-ingénieur hydrographe Ploix, sonda la partie sud-ouest de la baie, pour pouvoir, le lendemain, rapprocher les canonnières du fort de l'ouest, qui tenait encore. Au jour, les cinq canonnières, *l'Alarme*, *l'Avalanche*, *la Dragonne*, *la Fusée*, *la Mitraille*, et l'aviso à vapeur espagnol *el Cano*, sous la direction de M. Reynaud, avaient pris leurs nouveaux postes, et au bout d'une demi-heure d'un feu d'une admirable précision, le fort de l'ouest sautait comme le fort de l'est, sous les coups de nos canons rayés. Immédiatement après, le commandant Jaureguiberry pénétrait dans la rivière à la tête d'une flottille d'embarcations armées en guerre, qui y resta en station près du fort de l'est. *La Dragonne* et *el Cano*, quittant la baie de Touranne, venaient mouiller en dehors près du camp, entre la presqu'île et l'île de Cham-Callao, couvrant la gauche du corps expéditionnaire dont la droite s'appuie au fort de l'est, dans lequel deux de nos compagnies et une demi-compagnie espagnole tiennent garnison. Fortement assis dans cette position, j'y ai attendu l'armée annamite qui, d'après certains rapports recueillis par nos missionnaires, devait marcher sur nous au nombre de dix mille hommes. Jusqu'à présent cette armée n'a point paru.

» Le fort de l'ouest et tous les autres ouvrages étaient en parfait état de réparation, tous avaient de forts armements en pièces de fer et de bronze de gros calibre. Les pièces de bronze étaient les plus nombreuses, et en général fort belles. Tous les canons étaient pourvus de hausses récemment appliquées; les attirails d'artillerie étaient dans le meilleur état et bien supérieurs à tout ce que nous avons vu en Chine.

» Indépendamment de son armement, le fort de l'ouest contenait un parc d'artillerie de campagne, des pièces en bronze de 6 et de 9, dont les affûts, montés sur des roues très-élevées, sont parfaitement appropriés aux mauvaises routes de ce pays. Tout ce qui était en bronze a été enlevé et conduit à bord de nos bâtiments; les pièces de fer qui ne pouvaient nous servir ont été détruites. Les armes de main n'offrent rien de particulier ; ce sont des fusils de munition fabriqués en France ou en Belgique. La poudre, dont nous avons pris des quantités assez considérables, est d'origine anglaise et a été probablement achetée à Singapour ou à Hong-kong. L'ensemble des dispositions prises montre que le gouvernement annamite s'attendait à une attaque prochaine. »

Il s'y attendait en effet, comme nous avons pu en juger par le rapport que nous avons reproduit à la fin du chapitre précédent. Une grande partie des travaux indiqués dans ce rapport avaient été exécutés ; mais ce que les ingénieurs annamites n'avaient pas prévu, parce qu'ils n'avaient jamais été visités que par des bâtiments de guerre d'un fort tirant d'eau, et forcés par conséquent à se tenir à une assez grande distance, c'était l'apparition de ces bâtiments légers, de ces chaloupes canonnières qui s'avançaient partout où les gros bâtiments ne pouvaient pénétrer, c'était surtout l'emploi de ces canons à longue portée, lançant des projectiles creux, qui venaient éclater dans l'intérieur des forts, où ils portaient la destruction et la mort.

Le gouvernement annamite fut sans doute frappé de terreur par cette attaque soudaine ; il comprit que, cette fois, il ne s'agissait plus d'une de ces apparitions passagères dont on finissait toujours par se débarrasser avec de fausses promesses et une apparente soumission. Maintenant c'était une guerre sérieuse qu'il fallait soutenir avec un ennemi justement irrité et qu'on ne pouvait plus espérer de tromper par la ruse. Cependant le gouvernement cochinchinois ne se déconcerta pas ; n'osant pas lutter à force ouverte avec un ennemi aussi puissant, il résolut de se tenir sur la défensive, et d'attendre du temps quelque circonstance plus favorable.

L'armée franco-espagnole, laissée paisiblement sur la presqu'île de Touranne, ne s'occupa d'abord que de s'y établir et de s'y fortifier de manière à être à l'abri de toute surprise. Des lignes de défense furent établies; l'armée travailla activement à construire des barraques pour la troupe, des chemins, des hôpitaux, des magasins de vivres et de charbon, et des batteries défensives sur la rade, afin d'organiser un centre d'action convenable pour pouvoir opérer sur tous les points du royaume annamite qu'il conviendrait d'attaquer.

Un mois après l'installation des troupes, dans la matinée du 6 octobre, l'amiral fit faire une reconnaissance dans la rivière de Touranne, par l'escadrille française renforcée de deux embarcations de l'aviso *el Cano*, portant quarante chasseurs espagnols sous les ordres du capitaine Pablo Lloro.

L'expédition, après s'être avancée à une certaine distance, rencontra un barrage. Les soldats espagnols ont alors débarqué avec les forces disponibles des chaloupes et des embarcations, afin de détruire une espèce de redoute récemment construite et qui avait été abandonnée sans défense. Pendant ce temps, les chaloupes et canots forçaient le passage, opéraient la reconnaissance des rives, et arrivaient à une double estacade qu'ils franchirent comme le premier obstacle. En même temps les troupes débarquées s'avançaient déployées en tirailleurs. Au bout de quelques pas, elles essuyèrent des coups de feu auxquels les soldats répondirent en bon ordre, gagnant du terrain vers la droite, et laissant la gauche suffisamment défendue par le feu des chaloupes. L'ennemi alors se divisa : une partie prit la fuite, l'autre se retrancha derrière une position où était établie une batterie de trois canons protégés par des lignes de tirailleurs embusqués dans des ouvrages en terre. Le capitaine Lloro ayant remarqué cette manœuvre, fit faire à sa troupe un mouvement tournant sur la gauche, et, malgré la difficulté du terrain, car il fallait marcher dans l'eau jusqu'au genou, il tomba sur les tirailleurs indigènes qu'il chassa de leur embuscade, et s'empara de la batterie ; puis, continuant sa marche, le capitaine Lloro s'empara d'une autre batterie de trois pièces dans laquelle les ennemis avaient abandonné quelques boulets, de la mitraille, de la poudre, des lances, des fusils et deux drapeaux. Presque au même instant les troupes françaises arrivèrent avec le commandant de l'expédition, qui fit détruire les ouvrages ennemis, et donna l'ordre de regagner les embarcations ; et après avoir continué l'exploration de la rivière jusqu'à cinq heures du soir, on regagna le camp sans autre incident.

Cette reconnaissance ne nous coûta qu'un soldat espagnol blessé légèrement au talon, tandis que l'ennemi laissa plus de quarante cadavres sur le champ de bataille, et que de nombreuses traînées de sang indiquaient que le nombre des blessés avait dû être considérable.

Le capitaine espagnol Lloro, pour sa belle conduite dans cette affaire, a été décoré par l'Empereur des Français de la croix de la Légion d'honneur, et le soldat blessé, Fernando de los Santos, a reçu du même souverain la médaille militaire.

Le 20 décembre suivant, une reconnaissance forte de quatre-vingts Français et de quarante-trois Espagnols attaqua un poste retranché occupé par un nombre considérable d'ennemis et défendu par quelques petites pièces d'artillerie. Les Annamites furent délogés de leurs positions, et chargés à la baïonnette après un feu de mousqueterie assez vif. Quatre-vingt-dix Annamites ont été tués; tandis que nous n'avons eu que deux blessés. Le lendemain, une opération plus décisive fut entreprise contre un autre fort nommé Don-may, et couronnée d'un plein succès. Le fort, attaqué en même temps par les Français et les Espagnols, fut enlevé à la baïonnette, malgré le feu très-vif ouvert par les défenseurs. Pendant l'attaque, une colonne de 1500 hommes, avec quatre éléphants, s'approcha pour soutenir ceux qui défendaient le fort; mais canonné avec vigueur par l'artillerie d'une chaloupe française, l'ennemi battit promptement en retraite. Le résultat de l'opération fut d'enclouer l'artillerie du fort, de détruire les munitions et armes qu'on y trouva, et de prendre quelques pièces de canon.

La position prise par l'amiral Rigault de Genouilly dans la presqu'île de Touranne n'était, comme nous l'avons dit, que le point central de ses opérations, d'où il pourrait se porter sur les parties qu'il jugerait le plus opportun d'attaquer. Il s'occupa d'abord de pourvoir à la sûreté du camp de Touranne et à le mettre à l'abri de toute attaque de la part de l'ennemi; puis il songea à exécuter une importante expédition contre Saï-gôn, la capitale de la basse Cochinchine et du Camboge cochinchinois. Avant de rendre compte de l'expédition, il est nécessaire de faire connaître à nos lecteurs l'importance de cette ville et du pays environnant.

Le Camboge annamite, dont Saï-gôn est la capitale, se subdivise en six provinces ou préfectures, qui sont : Dong-naï, Que-done, Sa-dik, Mitho, Ca-mao et Tek-sia. Tous les voyageurs et les missionnaires qui en ont parlé, la regardent comme la contrée la plus riche et la plus fertile de l'empire annamite et comme le *grenier de la Cochinchine.*

Saï-gôn, la capitale, est située par 104° 23' de longitude est, sur la rivière de Saï-gôn appelée aussi Dong-naï. « La navigation de cette rivière, dit l'hydrographe Horsburgh, n'est nullement dangereuse, et il s'y trouve assez d'eau pour toute espèce de navire. »

Le port de Saï-gôn est situé au confluent de deux branches de la rivière, et la ville de ce nom s'étend à environ huit ou dix milles dans le nord-ouest sur la rive septentrionale du fleuve. Au point d'union de ces deux branches, on a établi un canal de communication avec le fleuve Camboge; ce canal, qui a plus de quatre myriamètres d'étendue, sur huit de profondeur et environ vingt de largeur, a été creusé au travers de forêts et de marais dans l'espace de six semaines, par vingt-six mille hommes, dont un grand nombre périrent. Ce travail, important mais coûteux, a eu lieu sous je ne sais plus quel roi du Camboge ou de la Cochinchine.

Avant 1800, les Portugais de Macao faisaient presque exclusivement le commerce de Saï-gôn; maintenant les Chinois et plusieurs nations européennes y prennent part. Les principaux objets d'exportation sont les productions du pays, telles que noix de bétel de toutes sortes, du riz, du sucre, du poivre, de la canelle, du cardamome, de la soie, du coton, du bois de construction, de la poix, du goudron, de l'huile, des cornes de rhinocéros et de cerfs, de l'ivoire, de l'or et de l'argent en lingots, et du poisson sec, dont il s'expédie des quantités considérables dans les différents ports de la Chine.

La ville est dans une position à la fois pittoresque et avantageuse ; elle occupe une langue de terre formée par deux bras du fleuve ; elle s'allonge au bord de l'eau sur une étendue d'environ neuf kilomètres. Sa population est d'environ 100,000 âmes ; quelques-uns la portent à un chiffre beaucoup plus élevé (180,000) ; elle se compose d'un mélange d'Annamites, de Cambogiens, de Chinois, de Malais, etc. Les rues sont larges et droites, plantées d'arbres de chaque côté ; mais les maisons sont généralement de véritables cabanes en bois, recouvertes en chaume de riz, ou en feuilles de palmiers ; aussi sont-elles souvent la proie de l'incendie ; alors les habitants vont requérir une troupe d'éléphants qui font la part du feu en abattant les maisons voisines ; les demeures des Annamites sont si peu solides, qu'un éléphant peut en quelques instants en détruire plusieurs.

Le vice-roi de la province habitait une citadelle ou plutôt une place forte carrée, bastionnée, entourée de bouquets d'arbres, et construite en 1821, sous la direction des ingénieurs français dont nous avons parlé précédemment.

Le fleuve Dong-naï, que nous verrons bientôt remonter par notre escadre, est un cours d'eau sinueux, rapide, et d'environ 100 mètres de large ; son lit est tellement profond, que les vaisseaux peuvent approcher très-près des rives sans atterrir. Les contrées qu'arrose le Dong-naï présentent un aspect varié : elles sont tantôt plates, tantôt légèrement accidentées ; il y a sur quelques points de très-vastes forêts qui recèlent dans leurs retraites des tigres de très-grande taille, des rhinocéros, des vipères vertes dont la piqûre est mortelle. De nombreuses rivières viennent mêler leurs eaux à celles du Dong-naï et répandent dans tout ce pays une prodigieuse fertilité.

L'amiral Rigault de Genouilly ayant donc formé le projet d'occuper cette ville importante, quitta Touranne le 2 février 1859, à la tête d'une division navale composée du *Phlégéton*, portant son pavillon, du *Primauguet*, des canonnières *l'Alarme*, *l'Avalanche* et *la Dragonne*, des transports mixtes *la Durance*, *la Meurthe* et *la Saône*, et de l'aviso à vapeur espagnol *el Cano*. Le 9 février, la division se trouvait réunie, à l'embouchure du fleuve de Saï-gôn, à quatre bâtiments frêtés par l'amiral pour porter les chevaux du corps expéditionnaire, et les approvisionnements de matériel, de charbon et de bestiaux.

Le 10, dans la matinée, les deux forts qui défendaient le mouillage intérieur du cap Saint-Jacques (Saint-James) furent attaqués et détruits. Après une reconnaissance faite à bord de *la Dragonne* par le chef d'état-major Reynaud, toute la division navale mouillait le 11 dans le bassin de Ngna. Le fort de Carigio, placé sur la route, fut canonné, enflammé par les obus du *Phlégéton*, et sauta.

L'amiral remonta le fleuve à la tête des deux corvettes à vapeur, des trois canonnières et de l'aviso espagnol remorquant les chaloupes et les canots-tambours, armés en guerre, des trois transports. Le corps de débarquement se composait, outre les navires, de trois compagnies d'infanterie française (lieutenant-colonel Reybaud), de deux compagnies espagnoles (commandant Palanca), d'un détachement d'artillerie de marine (capitaine Lacour), et de quelques sapeurs du génie (capitaine Gallimard).

C'est avec l'ensemble de ces forces, que du 11 au 15 février furent enlevés successivement les forts de Ong-hia, Big-cagne, Ki-ala, Tay-ray, Tang-ki.

La position de ces différents forts leur permettait de croiser leurs feux pour défendre les tournants difficiles du fleuve. Trois de ces ouvrages étaient couverts par des estacades formées de gros madriers et de bateaux-brûlots solidement enchaînés; mais, abordés par le plus bel entrain, tous ont été enlevés par les troupes alliées, malgré les difficultés d'un terrain vaseux, de nombreux chevaux de frise et trous de loups, hérissés de piquants de bambous. Chaque fort pris, les pièces en fer étaient détruites, les canons de bronze embarqués, la poudre et les projectiles noyés, et l'ouvrage lui-même détruit par les sapeurs, de manière que la rivière ouverte ne pût se refermer sur le petit corps expéditionnaire.

C'est ainsi que d'attaque en attaque et de succès en succès, ce corps arriva le 15, dans la soirée, devant les deux forts construits en 1821 par des ingénieurs français, qui défendent la ville de Saï-gôn au sud comme la citadelle la défend au nord. Le 13, l'expédition avait été ralliée par le *Prégent*, arrivant de Hong-kong avec le courrier et le commandant du génie Dupré-Deroulède.

A peine la canonnière d'avant-garde *l'Alarme* avait-elle jeté l'ancre au coude que fait le fleuve au-dessus de ces forts, que tous deux ouvrirent leurs feux. L'un d'eux était masqué par un pli de terrain; l'autre, qui montrait une de ses faces, fut immédiatement attaqué et réduit au silence. Pendant la nuit, l'amiral se disposa à l'attaque du second. Au jour, il fit prendre aux bâtiments leurs positions de combat, à 800 mètres du fort, sur une ligne de front, et si près les uns des autres, à cause de l'étroitesse du chenal, que de la passerelle du *Phlégéton* il pouvait à la voix donner ses ordres aux six autres bâtiments. Le tir fut remarquable ; des hunes, armées par les meilleurs tireurs de l'infanterie, les balles arrivaient en plongeant sur les canonniers ennemis. La riposte fut vive; nombre de projectiles frappaient le corps et les agrès des bâtiments. Ce ne fut qu'au bout de trois quarts d'heure que ce fort et celui de l'autre rive, qui avait rouvert son feu, commencèrent à mollir. A huit heures, les deux ouvrages étaient au pouvoir des troupes alliées. Le fort de la rive droite fut démantelé, et celui de la rive gauche occupé pour servir d'appui aux bâtiments de transport et de convoi.

Le commandant Jaureguiberry, le commandant du génie Dupré-Deroulède, et le capitaine d'artillerie Lacour, furent aussitôt envoyés sur *l'Avalanche* pour reconnaître le plan de la citadelle de Saï-gôn. Cette citadelle, à fronts bastionnés, est située à 800 mètres du fort occupé par nos troupes ; ses faces, présentant chacune un développement de 475 mètres, étaient masquées sur presque toute leur étendue par des bois, des jardins et des maisons. On ne découvrait de la rivière qu'une porte située à l'extrémité d'une avenue, un mât de pavillon et la toiture de quelques grands magasins.

Le 17, au point du jour, tous les bâtiments prenaient poste : *le Phlégéton*, en face de la porte; *le Primauguet*, *l'Alarme* et *l'Avalanche*, de l'avant à lui; *la Dragonne*, *el Cano* et *le Prégent*, de l'arrière. Le feu, très-lent d'abord, augmenta peu à peu d'intensité, toujours avec une telle précision, que bientôt le tir de l'ennemi, dont les boulets traversaient les mâtures, se ralentit sensiblement. Le moment était venu de tenter l'assaut : les troupes, jetées à terre, furent formées en colonne à l'abri des maisons, sous la protection des obusiers et des tirailleurs placés dans les hunes. Ces forces massées, le bastion du S.-E.

tirant encore, le commandant des Pallières reçut l'ordre de se jeter dans les fourrés qui se trouvaient sur la gauche, avec deux compagnies d'infanterie de marine, et les compagnies de débarquement du *Phlégéton*, du *Primauguet* et du *Cano*, et d'ouvrir, à l'abri des bois, un feu nourri sur les canonniers restés à leurs pièces. Le capitaine Gallimard et ses sapeurs furent adjoints à cette colonne pour faire sauter quelques portes du fort ou faciliter l'escalade. Une compagnie de chasseurs espagnols, sous les ordres du commandant Palanca, fut chargée d'appuyer au besoin le mouvement de cette colonne. Un bataillon resta en réserve à la plage, sous le commandement du lieutenant-colonel Reybaud. Enfin, le corps espagnol, commandé par le colonel Lanzarotte, et le demi-bataillon de gauche des marins, se tinrent prêts à se porter au pas de course, avec les obusiers, sous les murs de la place. Le feu des tirailleurs eut un plein succès ; l'ennemi, frappé dans tous les sens, abandonna ses pièces, et nos troupes, le sergent Henri des Pallières en tête, s'élancèrent à l'assaut sur les échelles d'escalade.

Cependant, sur notre droite, un gros d'ennemis de plus de mille hommes, soutenait la fusillade contre une de nos compagnies d'infanterie. Le colonel Lanzarotte fut chargé de les rejeter avec ses troupes au delà du bras de rivière qui longe la face nord du fort. Ce mouvement fut bien et rapidement exécuté. A dix heures tout était terminé. Dans l'après-midi, les compagnies de débarquement rallièrent leurs bâtiments, tandis que les troupes françaises et espagnoles occupèrent les nombreux et vastes casernements de la citadelle.

Tel est le récit sommaire des engagements successifs qui, dans le courant d'une semaine, nous ont rendus maîtres de vingt-cinq lieues de rivière, défendues par trois estacades et onze forts, ainsi que de la ville et de la citadelle de Saï-gôn, et d'un matériel considérable, consistant en deux cents canons en fer et en bronze, une corvette, et sept jonques de guerre encore sur les chantiers. La citadelle renfermait un arsenal complet ; en comptant ce qu'il y avait dans les forts, on peut estimer à 20,000 le nombre des armes de main ; la citadelle seule renfermait 85,000 kilogrammes de poudre en caisses ou en barils, sans compter les poudres en gargousses, en cartouches et en artifices. Les projectiles étaient en proportion. Les magasins contenaient du salpêtre, du soufre, du plomb en saumons, des équipements militaires, du riz pour nourrir de 6 à 8,000 hommes pendant un an, et une caisse militaire renfermant 130,000 francs en monnaie du pays.

Pendant que le corps expéditionnaire portait dans le sud de l'empire ce rude coup à la puissance annamite, le détachement chargé de la défense de Touranne repoussait, le 6 et le 7 février, les attaques de l'ennemi, encouragé sans doute par le départ de l'amiral et d'un grand nombre de bâtiments de guerre. A la suite d'une tentative faite par les Cochinchinois pour nous chasser de la rivière et du fort que nous y occupions, le commandant Faucon, à la tête des marins et soldats de la flottille, et des compagnies de débarquement envoyées à son secours, a détruit plusieurs batteries cochinchinoises et tué plus de cent cinquante hommes à l'ennemi.

L'amiral Rigault de Genouilly demeura quelques semaines à Saï-gôn avec la division, pour y étudier la situation et les ressources de cette région de la Cochinchine. Jugeant que la création d'un établissement sur ce point pouvait être un jour utile au commerce, il résolut d'y laisser une garnison dont le commandement fut confié au capitaine de frégate Jaureguiberry, et dans le courant d'avril il se remit en route pour Touranne, où il arriva le 26. Immédiatement après son départ de Saï-gôn, un engagement eut lieu, le 22 avril, entre la garnison franco-espagnole et l'armée annamite, qui fut entièrement défaite en éprouvant des pertes considérables. Les alliés eurent quatorze tués et trente blessés. On peut se former une idée des difficultés d'une expédition européenne sous un tel climat, en lisant, dans le rapport du commandant Jaureguiberry, qu'on eût obtenu de plus grands avantages si les hommes n'avaient été fatigués par deux heures de marche.

Dès son retour à Touranne, l'amiral reconnut que les Cochinchinois avaient, pendant son absence, élevé des ouvrages qui pouvaient jusqu'à un certain point compromettre la sûreté de ses positions et les mouvements de la flottille sur la rivière. Le 8 mai, après avoir fait canonner ces ouvrages par les batteries des forts et par l'artillerie de l'escadre, il ordonna l'attaque par les troupes du corps expéditionnaire partagé en trois colonnes de six cents hommes chacune. Les travaux des Cochinchinois présentaient un relief considérable ; les épaulements, fort épais, étaient impénétrables à peu près partout aux boulets du plus gros calibre ; tous étaient entourés de fossés profonds, quelquefois même ces fossés étaient doubles ; les revers et le fond en étaient semés de piquets de bambous solidement fichés en terre ; de pareilles défenses garnissaient à grande distance les glacis des ouvrages, dont les approches étaient en outre entourées de trous de loups ; enfin les parapets étaient protégés par d'innombrables chevaux de frise armés de pointes aiguës. Aussi, dit l'amiral dans son rapport auquel sont empruntés ces curieux détails sur les travaux cochinchinois, l'ennemi, confiant dans ces obstacles, opposa-t-il sur plusieurs points une très-vive résistance. Commencée à six heures du matin, l'affaire fut terminée à dix heures par la destruction de tous les ouvrages. L'armée annamite eut sept cents hommes hors de combat sur dix mille environ qu'elle comptait; elle dut se retirer sur sa seconde ligne et sur les ouvrages qui couvraient la route de Hué.

Cependant ces succès répétés n'amenaient point de solution; les Cochinchinois étaient battus dans toutes les rencontres, mais les troupes alliées, diminuées chaque jour par les maladies et privées de renforts, ne pouvaient quitter leurs positions sur le littoral, soit à Touranne, soit à Saï-gôn. Au début de l'expédition, l'amiral pensait que l'on pourrait marcher sur la capitale; on ne tarda pas à reconnaître les obstacles matériels qui s'opposaient à cette entreprise. Il eût fallu, avec de l'artillerie, traverser un pays presque impraticable. On avait compté aussi sur le secours des chrétiens cochinchinois, qui, pensait-on, se seraient empressés de se réunir à leurs coreligionnaires pour renverser la tyrannie qui les accablait depuis tant d'années. Mais aucun chrétien annamite n'était venu se réunir à nous, soit qu'ils en fussent empêchés par les mesures sévères de Tu-duc, soit que voyant la faiblesse de notre expédition, ils ne pussent se figurer qu'elle dût réussir, et qu'ils pensassent que, comme les autres qui l'avaient précédée, elle ne ferait qu'une apparition momentanée sur leurs côtes, et les livrerait, en se retirant plus tard, à l'implacable vengeance de leur persécuteur. Quoi qu'il en fût, cette affaire de Cochinchine était arrivée en ce moment à une phase critique dont les résultats semblaient devoir être bien au-dessous de ce qu'on avait espéré. Déjà on parlait des moyens de sortir de cette position de la manière la plus honorable, quand, après le combat du 8 mai, le gouvernement annamite parut enfin manifester l'intention de conclure un traité de paix. Cette ouverture fut accueillie par l'amiral, qui entama les négociations en demandant, au nom de la France, le libre exercice de la religion catholique dans l'empire d'Annam, divers avantages commerciaux, ainsi que la cession définitive de la baie de Touranne et de Saï-gôn. Les pourparlers se prolongèrent, et l'on acquit bientôt la conviction que les mandarins ne cherchaient qu'à gagner du temps. Ce qui ranimait l'espoir du gouvernement annamite, c'est qu'il avait appris l'échec subi par la flotte anglo-française en Chine, à l'attaque des forts de Ta-kai, dans le Peï-ho, le 25 juin 1859. Fatigué de ces délais, l'amiral assigna la date du 7 septembre, comme dernier terme pour la conclusion du traité. Les négociateurs n'ayant pu s'entendre, tout fut rompu à la date indiquée, et le 15 les alliés attaquèrent de nouveau les lignes cochinchinoises, en trois colonnes commandées, celle de gauche par le capitaine de vaisseau Reynaud, celle du centre par le colonel espagnol Lanzarotte, et celle de droite par le lieutenant-colonel Reybaud. La lutte, qui coûta aux alliés dix morts et quarante blessés, fut couronnée par un succès complet. On détruisit plus de quarante bouches à feu prises sur l'ennemi; plusieurs de ces pièces de gros calibre, fondues à Hué, et récemment arrivées de cette capitale, étaient remarquables par la bonne exécution et le fini du travail. Tous les ouvrages cochinchinois furent démolis, et les troupes rentrèrent dans leurs campements.

Tel était l'état des choses, lorsque le vice-amiral Renault de

Genouilly, ayant terminé son temps de commandement, remit à son successeur, le contre-amiral Pages, la direction de l'expédition. Depuis le jour où les troupes franco-espagnoles avaient débarqué sur le sol de la Cochinchine, elles s'y étaient glorieusement maintenues malgré le climat et les maladies, en face d'un ennemi très-supérieur en nombre et beaucoup mieux armé qu'on ne devait s'y attendre. Elles étaient sorties victorieuses de tous les combats livrés à Touranne et à Saï-gôn ; mais elles n'avaient pu s'avancer dans l'intérieur du pays, et la guerre menaçait de s'éterniser sans produire aucun résultat soit au profit de l'influence européenne, soit dans l'intérêt de la religion catholique.

Les opérations actives en Cochinchine se trouvèrent encore ajournées par suite des exigences de la campagne de Chine en 1860, qui appelaient vers le golfe de Pé-tché-li l'attention et les efforts de la France. Après deux attaques heureuses, dirigées en novembre 1859, par le contre-amiral Pages, contre les forts cochinchinois qui avaient été élevés près de Touranne, le gouvernement français ordonna l'évacuation de cette position, où les troupes avaient été cruellement éprouvées par le climat, et l'on se borna à l'occupation de Saï-gôn. Une faible garnison fut chargée de défendre cette base d'opération et d'attendre, sur la défensive, que la guerre de Chine permît de reprendre sérieusement les hostilités.

Pendant ce temps, les Cochinchinois firent de grands travaux de fortification dans la plaine de Ki-hoa, voisine de Saï-gôn, et ils donnèrent à leurs lignes un développement de dix kilomètres. De là, ils poussaient continuellement de nouvelles parallèles vers les positions françaises qu'ils menaçaient de cerner complètement du côté de la terre. A plusieurs reprises, la faible garnison fit contre eux des sorties pour détruire une partie de ces travaux de circonvallation ; mais ces engagements ne pouvaient avoir de résultat décisif.

Dès que la campagne de Chine fut terminée, le vice-amiral Charner reçut l'ordre de se transporter en Cochinchine, de dégager Saï-gôn et de reprendre l'offensive. En février 1861, il fut en mesure d'entrer en campagne; voici, d'après son rapport, le résumé des premières opérations :

Il s'agissait d'enlever les lignes de Ki-hoa et en même temps de couper les communications de l'armée cochinchinoise d'avec le reste du pays. Dès le 17 février, le contre-amiral Pages fut envoyé avec plusieurs navires pour reconnaître et bloquer les nombreux cours d'eau qui forment les deltas de la province de Saï-gôn, et, le 23, le corps d'armée, formé d'environ 3,000 hommes, parmi lesquels figurait un contingent de 200 soldats espagnols, était réuni sous les ordres du vice-amiral Charner, pour commencer l'attaque du lendemain. Les lignes ennemies, couvertes par plusieurs forts détachés, présentaient un front très-redoutable. C'étaient des épaulements en terre, hérissés de bambous, protégés quelquefois par cinq fossés, par des chevaux de frise et par des palissades enchevêtrées avec beaucoup d'art. D'étroites meurtrières, ouvertes dans toutes les parties et très-rapprochées, étaient garnies de canons, de pierriers et de gingoles (énormes fusils du calibre d'une livre); les soldats étaient armés de fusils à pierre avec baïonnette, paraissant pour la plupart de confection française. — L'habile organisation de la défense annonçait que le combat pourrait être vivement disputé.

Les ouvrages avancés furent emportés dans la matinée du 24 février; mais après ce premier succès, il fallut traverser une plaine de 6 à 7 kilomètres pour exécuter un mouvement tournant qui permît de prendre à revers les principales positions de l'ennemi. Après un repos de quelques heures, les troupes se mirent en marche, et elles campèrent à 1,500 mètres des ouvrages que l'on devait attaquer. Le 25 février, dès le lever du soleil, l'assaut fut donné, et tous les forts tombèrent successivement en notre pouvoir. Le rapport de l'amiral Charner constate la résistance acharnée de l'armée cochinchinoise. Les Français et les Espagnols eurent, pendant ces deux journées, 225 hommes hors de combat. Le général Vassoigne, commandant les troupes françaises, et le colonel Palanca y Guttierez, commandant le contingent espagnol, furent blessés.

Voici quelques détails sur cette brillante affaire du 25 février, donnés par un officier de marine acteur et témoin du combat, et qui, nous le pensons, intéresseront nos lecteurs :

« La journée du 24 février, quoique chaude et sanglante, n'avait cependant été que le prélude de la véritable action. Tout le monde savait que c'était à la citadelle de Ki-hoa que les Annamites avaient concentré leurs principales forces, et que c'était là que ces ennemis sauvages avaient réuni tous les moyens de défense dont ils pouvaient disposer. Quoique n'ignorant pas l'importance attachée par les Annamites à la forteresse de Ki-hoa, l'amiral Charner n'avait fait pousser de ce côté que des reconnaissances fort incomplètes, et ni lui ni son état-major ne pouvaient savoir exactement comment et où il fallait attaquer, ni de quelle nature seraient les obstacles qu'ils trouveraient à vaincre. Etait-ce une faute? J'en doute fort, et je me range au contraire entièrement du côté des partisans de la tactique suivie par l'amiral. Avec les peuples d'Orient, il ne faut pas vouloir lutter de ruse et de finesse ; ils seront sur ce terrain toujours nos égaux, et très-souvent nos supérieurs. Ce qui leur manque, c'est le courage personnel, ou plutôt le courage discipliné des troupes européennes. On ne surprendra que tout à fait exceptionnellement un corps de soldats annamites ; ils ont la vigilance de la bête fauve ; mais ce qui les a toujours effrayés et culbutés, c'est l'impétuosité d'une franche attaque au grand jour. Ils ne comprennent pas l'esprit qui fait mouvoir une armée comme un seul homme ; et cette force qui ne recule devant aucun obstacle, les remplit d'une épouvante qui va jusqu'au vertige....

» Le 25 février au matin, avant le lever du soleil, toute l'armée française fut sur pied, et dès cinq heures les canons commençaient à tonner contre les murailles de Ki-hoa. Les Annamites ripostaient vivement. Ils se trouvaient parfaitement à l'abri, et ils tiraient sur des colonnes à découvert. Cela ne devait pas durer longtemps. Comprenant la difficulté sinon l'impossibilité de faire brèche par le canon, l'amiral demanda résolument à l'assaut ce qui semblait refusé à son artillerie. Il divisa l'armée en deux colonnes, et ordonna d'attaquer de deux côtés à la fois, pour contraindre les Annamites à partager leur attention et leurs forces entre deux points.

» On sonne donc l'assaut, et les troupes s'élancent. Elles rencontrent les mêmes obstacles que la veille ; mais ces obstacles sont en ligne double et triple. Il s'agit de franchir trois estacades, trois lignes de trous de loups, deux fossés et une rangée de chevaux de frise, avant d'arriver à la haute muraille, hérissée de lances de bambous, et derrière laquelle se trouve une armée dix fois supérieure en nombre au corps qui donne l'assaut. C'est un travail pénible et qui coûte la vie à plus d'un brave soldat, mais il est bientôt accompli. Les assiégeants ont franchi la muraille et se trouvent dans le fort; seulement ils n'ont renversé qu'une première enceinte, et ils voient les Annamites se réfugier et se renfermer derrière une seconde muraille, plus haute et plus forte que celle qu'ils viennent de franchir avec tant de peine. On se découragerait à moins, mais personne n'est découragé. Les premiers entrés, les compagnies et débris de compagnies de Prouhette, Pallu, Senez et Brosset s'élancent au pas de course. Ils sont reçus par une grêle de balles. Le capitaine Senez appelle alors son lieutenant Laregnère et le charge de rassembler le reste de la compagnie de l'*Impératrice Eugénie*, qui n'a pas encore pu joindre son commandant. Laregnère part en courant; mais après avoir fait quelques pas, un boulet l'atteint et le renverse cruellement mutilé. L'enseigne de vaisseau Pouzzol, son camarade de promotion, passe en ce moment : « Mon pauvre ami, que puis-je pour toi? demande-t-il. — Ecris à mon frère que je suis bien mort, et vas à ton affaire. » Puis il lègue son sabre à l'aspirant Maréchal, qui vient de briser le sien, et s'éteint silencieusement dans une douloureuse agonie.

» Cependant les marins-fusiliers (car ce sont eux qui se trouvent dans cette espèce de cour où le lieutenant Laregnère vient de tomber et où cent mourants et blessés exhalent leur douleur), les marins-fusiliers, commandés par M. de Lapelin, se voient pris entre deux murailles. Ils viennent d'en franchir une et ne veulent certainement pas repasser par là; ils ont l'autre devant eux, à quelques centaines de pieds seulement, et derrière cette seconde muraille, une armée qui les accable d'un feu meurtrier et incessant. Les marins-fusiliers avancent néanmoins ; mais, arrêtés par des difficultés plus grandes encore que celles que je viens de signaler, ils n'avancent que lentement. Le lieutenant de vaisseau Jaurès, l'aide de camp de l'amiral, à la tête de quelques braves, essaie de se frayer un chemin jusqu'à la porte par laquelle les Annamites ont opéré leur retraite. On lui crie de s'arrêter : c'est aux portes en effet que les Annamites ont accumulé le plus de moyens de défense et de destruction ; mais Jaurès répond qu'il se trouve en trop beau chemin pour s'en aller, et avance toujours. Les hommes qui le suivent et l'accompagnent tombent en grand nombre, son chapeau est percé d'une balle ; mais il est arrivé au pied de la muraille, et c'est là l'essentiel ; ses camarades d'ailleurs ne sont pas restés en arrière.....

» Un dernier, un vigoureux effort, et le drapeau français va flotter sur les murailles de Ki-hoa. Les marins arrachent les bambous qui leur déchirent le corps et la figure, ils franchissent la crête de la muraille... ils se trouvent dans le fort. L'infanterie de marine, solide et brillante, comme d'habitude, y entrait au même moment. Dès lors les Annamites ne trouvèrent plus de salut que dans la rapidité d'une fuite désordonnée ; on en tua cependant un grand nombre, mais le gros de l'armée réussit à s'échapper.

» Le fort de Ki-hoa avait été pris à neuf heures du matin... La journée qui suivit le combat fut consacrée au repos ; le lendemain on procéda à l'enterrement des morts ; les blessés avaient été évacués sur les ambulances dès la veille..... »

Pendant que l'amiral Charner s'emparait des lignes de Ki-hoa et débloquait Saï-gôn, la division navale sous les ordres du contre-amiral Pages, remontait la rivière et enlevait les forts et les barrages que l'ennemi avait construits pour assurer sa retraite vers le nord. Après avoir détruit sur son passage plusieurs postes fortifiés, elle se porta, le 24 février, à l'attaque des forts Yen-lock. La rivière était défendue à cet endroit par de nombreuses batteries casematées et par une forteresse à huit bastions armés d'une nombreuse artillerie. Une action sérieuse s'engagea, et les Annamites n'évacuèrent leur position qu'après un combat de plusieurs heures. Le 25, la forteresse fut livrée aux flammes, et la division reprit la route de Saï-gôn.

Les troupes se reposèrent pendant le mois de mars. Au commencement d'avril, l'amiral Charner résolut d'attaquer Mitho, place importante, où s'était concentrée une partie de l'armée ennemie. Du 10 au 13 avril, les troupes de terre, sous la direction du capitaine de vaisseau du Quilio, marchèrent sur la ville, et une division de canonnières, commandée par le contre-amiral Pages, franchit la barre du fleuve de Camboge et brisa les obstacles qui l'obstruaient. On parvint ainsi, des deux côtés, jusqu'à la ville de Mitho, dont on se rendit maître, non sans éprouver une vive résistance. Le capitaine de frégate Bourdais fut tué à l'assaut.

Depuis la prise de Mitho aucun fait de guerre n'a eu lieu en Cochinchine. L'armée annamite a complètement abandonné la province de Saï-gôn, et si avec les formidables moyens de défense qu'elle avait, elle n'a pu résister à l'impétuosité de nos soldats, il est peu probable qu'elle vienne les attaquer, maintenant qu'ils sont solidement établis dans des positions qu'ils sauraient aussi bien défendre qu'ils ont su s'en emparer.

Le gouvernement est résolu à fonder un établissement colonial dans la basse Cochinchine. Nous avons déjà parlé, en commençant, de la richesse et de la fertilité de la contrée, et du brillant avenir qui est réservé à la ville de Saï-gôn; nous ajouterons que parmi les points les plus importants on peut signaler le port de Cancao, situé sur le rivage occidental du delta et communiquant avec le bras principal du fleuve par un canal naturel. Avant peu, le port de Cancao sera célèbre : des plantations réussiront à merveille dans une belle île placée vis-à-vis, et que nous croyons appelée à être le Macao de la Cochinchine.

Depuis notre établissement à Saï-gôn, notre situation s'y est améliorée de jour en jour. L'esprit d'équité qui anime les Français, leurs services administratifs et militaires, ont vivement frappé les Annamites, et valent de vives sympathies à notre cause. Plusieurs grandes familles du pays se préparent, dit-on, à envoyer leurs enfants en France. Les volontaires affluent au camp français, et quand il le voudra, avant peu de mois, le général commandant aura à sa disposition un corps de troupes indigènes, commandé par des officiers français, et qui pourra rendre d'immenses services.

Indépendamment du corps de troupes françaises qui vient de partir de Toulon pour la Cochinchine, on organise un départ de colons pour Saï-gôn; les plus grandes facilités sont accordées à ceux qui voudront se fixer dans ce pays d'une manière permanente. Le gouvernement français se montre en outre très-favorable aux demandes en tous genres qui lui sont adressées par des Français désireux d'aller résider en Cochinchine dans un intérêt industriel et commercial. Tout fait donc espérer que la France aura désormais dans cette partie de l'Asie, une colonie riche, puissante et durable.

TABLE DES MATIÈRES

LA CHINE

CHAPITRE PREMIER. Géographie physique et politique de la Chine. — Climat et productions. — Division politique, population, caractère, mœurs. — Notice historique depuis les temps les plus reculés jusqu'à nos jours.   5

CHAP. II. Religion de la Chine. — Quelques détails sur l'insurrection qui désole la Chine depuis plusieurs années.   25

CHAP. III. Rupture des traités. — Commencement des hostilités avec les Anglais en 1856. — Le baron Gros envoyé en Chine en qualité de ministre plénipotentiaire. — Causes de la rupture de la paix avec la France. — Attaque et prise de Canton par les forces alliées de la France et de la Grande-Bretagne. — Prise des forts du Peï-ho par les escadres française et anglaise. — Traité de Tien-tsin, signé le 27 juin 1858. — Note du *Moniteur* à ce sujet.   39

CHAP. IV. Événements qui se passèrent à Canton pendant l'expédition du Peï-ho. — Expédition contre les *braves* des environs de Canton. — Les Chinois s'opposent au passage des plénipotentiaires français se rendant à Pékin pour l'échange de la ratification du traité de Tien-tsin. — Les alliés éprouvent un grave échec à l'embouchure du Peï-ho, le 25 juin 1859. — L'Angleterre et la France organisent une expédition pour venger cette insulte. — Ultimatum signifié au gouvernement chinois. — Réponse de ce gouvernement.   59

CHAP. V. Arrivée en Chine de l'expédition. — Le camp de Tché-fou; relations avec les Chinois. — Départ de ce camp. — Débarquement à Pétang. — On s'empare du fort sans résistance. — Une première reconnaissance. — Attaque et prise des forts et du camp retranché de Ta-kou. — Prise des deux premiers forts du Peï-ho. — Soumission de tous les autres.   74

CHAP. VI. Nouvelles négociations à Tien-tsin. — Elles sont rompues par la mauvaise foi du gouvernement chinois. — L'armée se met en marche pour Tong-tcheou, à trois lieues de Pékin. — Confiance des soldats. — Les plénipotentiaires chinois conviennent de traiter à Tong-tcheou. — Trahison des Chinois qui s'emparent des Français envoyés en avant à Tong-tcheou. — Combat de Chang-kia-hou. — Défaite des Tartares (18 septembre). — Rapport du général de Montauban. — Bataille de Pali-ki-ao (21 septembre). — L'armée tartare entièrement dispersée ne reparaît plus. 93

CHAP. VII. L'armée s'empare de Yuen-ming-yuen, résidence d'été de l'empereur de la Chine. — Description de cette résidence. — Découverte des dépouilles de quelques-uns de nos prisonniers massacrés par les Chinois. — Irritation de l'armée. — Horribles traitements infligés à nos prisonniers. — Résumé du rapport de M. d'Escayrac à ce sujet. — Menaces des plénipotentiaires alliés. — Effets qu'elles produisent. — Ultimatum signifié le 15 octobre par M. le baron Gros. — Ceux des prisonniers encore vivants sont rendus. — On renvoie les cadavres des autres dans des cercueils. — Le gouvernement chinois consent à toutes les conditions qui lui sont imposées. — Signature de la paix. — Service en l'honneur des morts. — Réouverture de l'église catholique de Pékin. — *Te Deum* d'actions de grâces. 109

LA COCHINCHINE

CHAPITRE PREMIER. Description géographique de l'Indo-Chine. — Sa division politique. — Empire d'Annam ou Cochinchine. — Etymologie de ces noms. — Division politique de cet empire. — Climat. — Productions. — Règne minéral. — Règne végétal. — Règne animal. — Population; races. 139

CHAP. II. Résumé historique. — Gouvernement de la Chine. — Armée. — Physionomie et caractère du peuple. — Industrie. — Architecture navale. — Langage. — Législation; usages divers; religion. — Introduction du christianisme en Cochinchine et au Tonking. — Etablissement des vicariats apostoliques. 152

CHAP. III. Arrivée de Mgr Pigneaux, évêque d'Adran, en Cochinchine, à l'époque de la grande révolution qui agitait ce pays. — Origine de cette révolution. — Révolte des frères Tay-son — Leur portrait. — Ils détrônent le roi légitime et le mettent à mort. — Le fils aîné du roi veut marcher contre les rebelles; il est défait et mis à mort. — Le second fils du roi, devenu l'héritier légitime du trône, s'échappe avec sa mère. — Pendant son exil il se lie avec l'évêque d'Adran. — Première tentative de Ngú-yen-ánh pour recouvrer ses états. — Sa défaite. — Sa fuite. — Secours que lui donne l'évêque d'Adran. — Le prélat propose au prince fugitif d'aller implorer le secours de Louis XVI, roi de France. — Le prince annamite y consent et confie son fils aîné à l'évêque d'Adran. — Départ de ce prélat pour la France. — Sa réception à la cour de Louis XVI. — Traité conclu entre le roi de France et le roi de Cochinchine. — L'évêque d'Adran est nommé ministre plénipotentiaire du roi de France auprès du roi annamite. — Retour de l'évêque d'Adran en Orient. — Son arrivée à Pondichéry. — Difficultés qu'il éprouve de la part du gouverneur français de nos possessions dans les Indes. — Il retourne en Cochinchine avec des secours bien inférieurs à ceux que Louis XVI avait promis de donner. — Utilité dont ils sont à Ngû-yen-ânh. — Reconnaissance de ce dernier envers l'évêque d'Adran. — Ses succès contre les rebelles — L'évêque d'Adran accompagne souvent le fils du roi, son élève, dans ses expéditions contre les rebelles. — Par les conseils de ce prélat, le roi recouvre tous ses états. — Mort de l'évêque d'Adran. — Douleur du roi. — Eloge magnifique que ce prince en fait. — Honneurs qu'il rend à sa mémoire. 168

CHAP. IV. Résumé du rôle rempli par l'évêque d'Adran auprès du roi de Cochinchine. — Décadence de l'influence française en Cochinchine après la mort de l'évêque d'Adran et du fils aîné du roi, son élève. — Nouvelles conquêtes de Ngûyen-ânh. — Il s'empare du Tonking, prend le titre d'empereur et le nom de Giâlong. — Etat de la religion chrétienne sous le règne de Giâ-long. — Mauvaises dispositions de son successeur Minh-mang contre les chrétiens.— Tentatives faites sans succès par M. Chaigneau, pour renouer des relations entre la France et la Cochinchine. — Vaines tentatives de M. de Bougainville pour obtenir une audience de Ming-mang en 1825. — Premier manifeste de Minh-mang contre la religion chrétienne. — Retour en France de MM. Chaigneau et Vannier. — Persécution contre les chrétiens. — Révoltes dans le Tonking. — Redoublement de sévérité contre les chrétiens. — Condamnation à mort et exécution du P. Marchand, missionnaire. — Décret contre les chrétiens. — Martyre de plusieurs évêques et prêtres missionnaires. — Mort de Minh-mang. 189

CHAP. V. Règne de Thieu-tri, successeur de Minh-mang. — Renouvellement des persécutions contre les chrétiens. — Apparition de la frégate française *l'Héroïne* dans le port de Tourane. — Le capitaine se fait remettre cinq missionnaires français détenus dans les prisons sous le poids d'une condamnation à mort. — Ordre donné par le gouvernement français aux commandants de nos forces navales dans les mers de l'Inde, de protéger les missionnaires français contre les persécutions des Cochinchinois. — L'amiral Cécille fait rendre la liberté à Mgr Lefebvre, détenu à Saï-gòn. — Arrivée des corvettes françaises *la Gloire* et *la Victorieuse*. — Négociations du commandant Lapierre avec le roi pour obtenir le libre exercice de la religion. — Préparatifs secrets des Annamites pour surprendre les navires français, s'en emparer et en massacrer les équipages.— Attaque de la flotte cochinchinoise par les Français; destruction des jonques de guerre. — Fureur de Thieu-tri. — Nouvel édit contre les missionnaires et contre les Français. — Mort de ce prince. — Son fils Tu-duc lui succède. — Nouvel édit de persécution à l'occasion de la révolution de 1848. — Tentatives faites en 1856 par l'empereur Napoléon III pour établir des relations avec le roi de Cochinchine. — Mépris avec lequel les mandarins reçoivent les lettres de l'empereur. — Démonstration vigoureuse du commandant du *Catinat* à cette occasion. — Soumission apparente des mandarins. — Erreur dans laquelle on est souvent tombé par suite de ces démonstrations hypocrites. — Rapport d'un grand mandarin sur les moyens de mettre l'empire annamite à l'abri des attaques des étrangers. 206

CHAP. VI. Note du *Moniteur* servant en quelque sorte de manifeste relatif à l'expédition commandée par l'amiral Rigault de Genouilly contre la Cochinchine. — Rapport de cet amiral sur l'occupation des forts et de la presqu'île de Touranne, au commencement de septembre 1858. — Effet produit sur le gouvernement annamite par cette occupation. — Reconnaissance opérée dans la rivière de Touranne. — Destruction de quelques batteries et des barrages de la rivière. — Affaires du 20 et du 21 décembre. — Expédition contre Saï-gôn. — Détails sur cette ville et sur la province. — Détails sur la prise des forts et de la citadelle de Saï-gôn. — Retour de l'amiral Rigault à Touranne après avoir laissé une garnison à Saï-gôn. — Affaire du 8 mai contre les fortifications élevées par les Cochinchinois dans la baie de Touranne pendant l'absence de l'amiral. — Phase critique de l'expédition de Cochinchine. — Propositions de traiter faites par le gouvernement annamite. — Négociations. — Demandes adressées au nom de la France par l'amiral. — Les négociations traînent en longueur. — Fixation du 7 septembre, par l'amiral, comme dernier terme pour l'acceptation de ses propositions. — Rupture des négociations. — Reprise des hostilités le 15 septembre 1859. — Remplacement de l'amiral Rigault de Genouilly par le contre-amiral Pages. — Ajournement des opérations en Cochinchine pendant la campagne de Chine. — Travaux immenses entrepris pendant ce temps par les Cochinchinois. — Après la campagne de Chine, le vice-amiral Charner est chargé du commandement de l'expédition contre l'empire d'Annam. — Prise des lignes de Ki-hoa (les 24 et 25 février 1861). — Curieux détails. — Prise de la citadelle de Mitho. — Projet d'un établissement colonial à Saï-gôn. 224

— Lille. Typ. L. Lefort. 1862. —

www.ingramcontent.com/pod-product-compliance
Lightning Source LLC
Chambersburg PA
CBHW050343170426
43200CB00009BA/1708